안 동
문 화
100선
●❷❽

강
윤
정 姜允丁

안동대학교 사학과 학사·석사
단국대학교 사학과 박사
경상북도독립운동기념관 학예연구부장을 거쳐 현재 안동대학교 사학과 교수로 재직하고 있다.
한국근대시기 독립운동가, 특히 여성들의 서사에서 의미를 찾는 활동을 이어가고 있다.
주요 연구로『한국 근대의 여걸-남자현』(2018, 지식산업사),『만주로 간 경북 여성들』(2018, 한국국학진흥원),『경
북 여성들의 항일투쟁』(2023, 경상북도독립운동기념관),「1920년대 안동지역 여성단체와 활동」(2020, 대구사학)
등이 있다.

류
종
승 柳鍾承

1995년 광고사진 스튜디오에서 사진을 시작하였고, 2011년 안동청년유도회 회원으로 활동하면서 안동의 문화,
유림과 관련된 작업을 주로 하고 있다.『안동의 서원』,『협동학교』,『송재 이우의 삶과 문학』등의 사진 작업에
참여하였다.

임청각

강윤정 글
류종승 사진

민속원

임 청 각

차례

01

조선 선비의
로망,
귀거래歸去來

임청각臨淸閣은 안동 법흥동에 자리한 고성이씨 종택이다. 법흥동은 고성이 씨 참관공파가 이곳에 정착하면서 형성된 마을이다. 고성이씨가 마을을 이루기 이전 법흥동의 역사에 대해서는 정확히 알려진 바가 없다. 정확한 연대는 알 수 없지만 통일신라시대에 세워진 법흥사法興寺라는 비교적 큰 규모의 사찰이 있었 던 것으로 전한다. 그 때문에 법흥골 또는 법흥으로 불렸다. 『영가지永嘉誌』에 따 르면 조선시대 선조 말 무렵까지 삼간三間의 작은 절을 유지하고 있었다. 이로 미 루어 보아 불교가 융성했던 통일신라와 고려시대에 대규모의 사찰이 있었으나, 조선시대 들어 그 규모가 점차 줄어들었던 것으로 짐작된다. 전하는 이야기에 따 르면 그나마 남아있던 삼간의 사찰마저 고성이씨 세거지가 형성되면서 헐리게 되었다. 현재 법흥사지에는 고성이씨 탑동파 종택이 자리 잡고 있으며, 그 앞으 로 7층전탑이 우뚝 서 있다.

고성이씨 가문이 안동에 뿌리내린 것은 15세기 후반 12세世 이증李增(1419~ 1480) 때부터이다. 이증은 조선개국공신 용헌容軒 이원李原의 일곱 아들 가운데 여섯째이다. 1453년 진사시에 합격하여 진해鎭海・영산靈山 현감 등을 역임했 다. 1455년 세조가 왕위를 찬탈하자 관직을 버리고 안동으로 들어왔다. 처음에 는 안동부성 남문 밖에 정착하였는데, 후에 법흥동으로 이거하였다. 이증에게는 여섯 명의 아들이 있었는데, 차남인 이굉李汯은 정상동에 귀래정歸來亭을 짓고 정 착하였다. 법흥동에 정착한 인물은 셋째 아들 이명李洺이다. 바로 임청각을 지은 인물이다.

> 지현공知縣公(이명-필자 주)은 의흥현감의 관직을 버리고 돌아와 안동부 동쪽 법
> 흥사 서쪽 언덕에 정자를 짓고 임청각이라 명명하였다. …중략… 당초에는 정자
> 로 창건하였으며, 살림을 시작한 것은 별제공別提公 반구정伴鷗亭부터이다. …중
> 략… 처음 지은 시기에 대해서는 당시의 문적들이 병화로 모두 없어져 고증할 길
> 이 막막하니 어찌 자손들의 큰 한이 아니겠는가! 살펴보니 정덕 신사년(1521) 여
> 름에 농암 이현보 선생께서 나의 선조와 더불어 귀래정에 노닐 때 지어주신 시의

구절에 '이 의흥은 바로 귀래정 주인의 아우로, 역시 벼슬을 사양하고 한가히 지낸다.'고 하였으니 당시에 이미 벼슬을 그만두고 정자를 지었음이 분명하다. 전하는 말에 '정덕 기묘년(1519)에 창건하였다.'고 하니, 아마도 틀린 말은 아닐 듯하다. 집이 퇴락하자 증조부 때 이미 중수하려고 계획했다가 나의 대에 이르러 금상(영조) 43년(1767) 늦은 봄에 길일을 택하여 일을 시작하였다. …중략… 공사를 시작하여 헐고 보니 전에 보지 못한 들보 끝 서까래에 옛 단청의 흔적이 있었다. 대들보 위에는 백서白書가 있었는데 '병인년(1626) 4월에 그리기 시작한다.'고 기록되어 있었고, 그 옆에 7대조 이지李遲의 호가 쓰여 있었다. 당시는 왜란을 겪은 직후였다. 전해오는 말에 의하면 '명나라 군대가 여기에 주둔했는데, 안채는 실화로 모두 불타고, 불길이 임청각에 옮겨붙으려 하던 차 명나라 장수가 구하여 화를 면할 수 있었다.'고 한다. 이로써 살펴보면 임진왜란 때 살림채를 고쳐 지으며 아울러 임청각을 개수하였다고 하여도 무방할 것이다.

이는 허주虛舟 이종악李宗岳이 임청각을 수리하고 남긴 기록이다. 이를 정리하면 임청각은 처음 이명이 정자로 창건하였으며, 아들 이굉 때에 와서 살림채와 사당을 증축하면서 완전한 형태를 갖추었다. 이때가 1500년대 중반 무렵이다. 이후 임진왜란 때 명나라 군대가 안채에 머물다가 화재로 훼손되었고, 1626년 무렵 이지李遲가 개수하였다. 이어 이종악이 증수하였다.[1]

임청각을 처음 건립한 이명은 여섯 아들을 두었다. 이들 가운데 다섯 아들이 관직에 나아가면서 법흥동 고성이씨는 안동지방의 유력한 재지사족으로서의 지위를 확립하게 되었다. 또한 영남지역 명문가와 혼인을 맺으면서 안동 유림사회에서 명문가로 부상하기도 한다. 법흥동 고성이씨 가문은 상당한 토지를 소유한 지주로 알려져 있다. 이들의 재산은 주로 안동 인근에 자리하고 있었는데, 특히 용상동 일대와 고성이씨 선대의 묘소가 있었던 월곡면月谷面 도곡동道谷洞(현재 와룡면 도곡리) 주변에 토지가 많았으며, 임북면·임동면 등지에도 넓은 토지를 소

---

1   김동진, 『詩禮靑氈-안동고성이씨 사람들의 삶과 역사』, 전통문화연구소 효원재(曉元齋), 2022, 69~70쪽.

조선시대 임청각
허주 이종악, 한국학중앙연구원 장서각 소장

1910년대 임청각
국립안동대학교 박물관, 『사진으로 보는 안동문화재 100년』, 2011, 100쪽. 원본 국립중앙박물관 소장

유하고 있었다. 임진왜란 당시 명나라 군사들이 상당기간 임청각에 머물렀다는 사실은 이들의 재력을 말해주는 방증이다. 또한 19세기 후반 예천지역에서는 법흥동 고성이씨 가문을 법흥장으로 불렀다고 하는데, 이를 통해 예천지역에도 상당한 규모의 토지를 소유하고 있었음을 알 수 있다.

일제강점기 법흥동에는 고성이씨 약 50가구가 살고 있었다. 이후 1992년만 해도 약 40가구가 있었다고 전한다. 그러나 현재는 동성마을로서의 모습은 거의 찾아보기 힘들다. 법흥동에 자리한 고성이씨 종택 임청각과 탑동과 종택 건물만이 이곳이 고성이씨 세거지였음을 짐작케 할 뿐이다. 과거 법흥동은 용상동과 시내를 이어주는 개목나루가 있어서, 비교적 풍부한 물산이 오고 갔던 지역이었다. 개목나루를 이용하는 사람들은 여름에는 주로 배를 이용했으며, 겨울에는 별도의 다리를 놓아서 왕래했다고 한다. 또한 이곳은 비탈진 경지를 이용하여 마을을 조성한 탓에 지근거리에 농지가 없어, 안동의 어느 동성마을과는 다른 풍경을 만들어 내고 있다. 법흥동 세거 고성이씨의 농토는 주로 마뜰(현재의 용상)에 자리하고 있었다.

이후 임청각에서는 수많은 인물들이 배출되었지만, 한국근대시기 임청각 출신들이 만들어낸 역사는 우리에게 중요한 유산이 되었다. 우리는 굴곡진 한국근대사 속에서 다양한 인물을 만날 수 있다. 나라를 잃은 부끄러움에 죽음으로 자신을 단죄한 사람들이 있었고, 희망을 잃지 않고 고행의 길을 걸으며 광복을 위해 온 생을 바친 사람들도 많았다. 이들의 책임 의식과 정당성을 향한 희망과 용기는 중요한 교훈을 준다. 안동지역에는 특히 이런 인물들이 많았다. 임청각의 석주石洲 이상룡李相龍 일가는 그 대표적인 사례이다.

한국근대사에서 임청각은 대한민국 임시정부 초대국무령의 생가이자, 11명의 독립유공자가 나온 곳으로 상징된다. 이상룡과 그의 아내 김우락, 동생 이상동李相東·이봉희李鳳羲, 아들 이준형李濬衡, 손자 이병화李炳華와 손부 허은, 조카 이형국李衡國·이운형李運衡·이광민李光民, 종숙 이승화李承和가 바로 그들이다. 나라에서는 이들의 행적을 기려 2009년 5월 25일, 임청각을 현충시설로 지정하였다.

현 주소는 안동시 법흥동 20-3번지(임청각길 63)이다. 임청각은 모두 70여 칸이다. 군자정은 15세기에 건축되었으며, 1963년 1월 보물 제182호로 지정되었다. 일제강점기 중앙선 철로가 놓이면서 임청각의 유교적 문화경관은 적지 않게 훼손되었다. 힘겨웠지만 장엄한 역사를 써 내려간 임청각 사람들의 역사만큼 건물 또한 여러 차례 수난을 겪었지만, 그 당당한 기상은 여전히 살아있다.[2]

---

2   이상은 강윤정, 「법흥마을」, 『안동지역 동성마을의 역사·문화적 전통』(한국연구재단 인문사회분야지원 국내외연구 결과보고서), 2003 참조.

02

휘청이는 나라,
신구新舊의
길목에서

석주 이상룡 1858~1932

근대시기 임청각을 대표하는 인물은 이상룡李相龍(1858~1932)이다. 그는 이승목李承穆의 장남으로 태어났다. 처음 이름은 이상희李象羲였으나, 1911년 만주로 망명하여 이상룡으로 고쳐 불렀다. 계원啓元 · 啓源으로 불리기도 했으며, 호는 석주石洲이다.

이상룡의 유년기는 여느 선비儒者들과 별로 다르지 않다. 특별하다면 명망과 재력을 두루 갖춘 집안의 자제로 태어나, 누구보다 좋은 스승을 만날 수 있었다는 것이다. 그의 스승으로 손꼽히는 평담平潭 이전李銓(1832~1886)이나 척암拓菴 김도화金道和(1825~1912), 그리고 서산西山 김흥락金興洛(1827~1899)은 모두 이름이 높았다. 특히 김흥락의 문하에는 700명이 넘는 문인이 드나들 정도였다.

이상룡이 김흥락의 문하에 들어간 것은 1876년 18세 무렵이다. 그는 안동 서후면 금계마을에 자리한 김흥락의 집에서 동문들과 학문을 강론하였다. 주로 유교 경전이 중심을 이루었으나, 경전 공부에만 머물렀던 것은 아니다. 임청각에 전래되어 온 수많은 전적들을 탐독하면서 천문 · 지리 · 기형璣衡 · 역기曆紀 · 율려律呂 · 산수算數 등을 연구하였다. 정치제도에도 관심이 많았다. 이는 자연히 과거 공부로 이어져, 28세(1886)에 이르러 한 차례 과거시험에 응시하기도 했다. 그러나 이후 관인의 꿈을 포기하고 오롯이 성리학 공부에만 매달렸다.

이상룡은 입지立志, 지경持敬, 격물치지格物致知, 역행力行을 공부의 목표로 삼았다. 특히 "지知 · 행行에 선후先後가 없으니 함께 병진해 나아갈 것"임을 스승 김흥락에게 다짐하기도 했다. 어쩌면 이 시기가 이상룡의 삶에서 가장 평온한 때였다. 옛것을 이어 '인의예지'가 잘 구현된 인간상과 공동체를 만들어가는 데 온 마음을 쏟을 수 있었던 시기였다. 그러나 그 세월은 지속되지 않았다.

30대 중반인 1894년부터 일제의 압박이 거세졌다. 이제 그의 공부는 더 이상 책상 앞에만 머물 수 없었다. 너무나 무겁게 지워진 지식인의 책임을 자각했고, 자신의 삶을 민족의 그릇으로 쓸 공부와 실천에 바쳐야 했다. 그 출발은 의병항쟁이었다. 이는 당시 이상룡에게 있어 '사람으로서 가야 할 마땅한 길'이기도 했다.

의병義兵을 일으키다

1896년 1월 안동에서 의병이 일어났다. 1896년 안동전기의병 당시 이상룡과 임청각의 역할을 자세하게 담은 자료는 확인되지 않는다. 아들 이준형의 기록 「선부군유사先府君遺事」에서 단편적인 내용이 확인될 뿐이다. 이 기록에서 다음 몇 가지 사실이 확인된다.

> 이해 겨울에 안동의 인사들이 의병義兵을 일으켜 성대星臺 권공權公(권세연權世 淵)을 추대하여 대장으로 삼았는데, 권공權公은 부군府君에게 외숙부가 된다. 부 군府君은 "공사公私의 의리가 중대한데 상제의 몸이라 하여 외면할 수 없다."하고 마침내 선려先廬(임청각)로 돌아와 살면서 기회에 따라 비밀히 도왔다. 권공權公 이 병신년丙申年(1896)에 재차 의거한 뒤로부터, 대장직을 사양하여 갈릴 때까지 실패함이 없게 된 것은 대다수가 부군府君의 계획에서 나왔다. 이때 각 군의 의병 이 벌떼처럼 일어났는데, 모두 인원을 파견하여 자문하였고 더러는 망지望紙를 보내와서 의거에 참여하기를 권유하기도 하였으나, 부군府君은 모두 예법에 의 거하여 엄중히 사양하였다. 그러나 의견이 미치는 바가 있으면 마음을 다해 도와 주지 않은 적이 없었다.

> — 「선부군유사先府君遺事」, 『국역 석주유고』

당시 이상룡은 조부 이종태李鍾泰의 상중喪中으로 도곡마을에 은거하고 있었 다. 그런데 외숙부였던 권세연이 의병장으로 추대되었다는 소식을 듣고, "공사 公私의 의리가 중대한데 상례를 지키느라 집에 있을 수 없고, 재야의 사람들도 국 난을 당해서는 사명을 다해야 하는 의리가 있다."며 임청각으로 돌아왔다.

이상룡은 안동의진이 편성되어 활동하는 동안 의병장 권세연을 보필하며 군 무를 보았다. 한 차례 관군에게 밀렸다가 다시 안동부로 입성한 안동의병은 향교 에 본부를 두고 군자금 모집에 들어갔다. 2월 28일 향회에서 당일 2천 냥을 모은 것을 시작으로 각 문중별로 의연금을 분배하였다. 거의 2만 냥에 이르는 자금이었다. 이상룡이 속한 고성이씨 문중에도 5백 냥의 자금이 배정되었다. 이때 하회의 풍산류씨, 닭실의 안동권씨, 무실의 전주류씨 문중이 각 1천 냥이었고, 내앞 의성김씨 문중이 8백 냥, 그리고 금계와 해저리 의성김씨 문중이 5백 냥씩 배당받았다. 권세연이 거느린 안동의진은 이를 바탕으로 부대의 진용을 정비하는 한편 봉화의진·제천의진의 별진인 서상렬 부대와도 연합전선을 구축하였다. 그런데 외숙부 권세연이 안동·봉화·제천 세 의진의 800여 명이 연무당鍊武堂에 모여 연합의식을 치르고 난 이튿날 3월 12일 대장직을 사퇴하였다. 이때 권세연이 사퇴를 발표한 문건 「의병재거후의장단자義兵再擧後義將單子」는 이상룡이 작성하였다. 권세연이 물러나면서 이상룡의 활동도 사실상 끝난 것으로 보인다.

이상룡은 안동의진만이 아니라 인근에서 일어난 의병들의 자문에도 가능한 지원을 아끼지 않았다. 안동의진 1대 대장 권세연이 물러나고 김도화가 2대 대장이 되었다. 김도화는 이상룡의 존고모부이자 스승이었다. 이때 이상룡은 편지를 올려 당시 의병이 가지는 한계를 비판하며, 현실적인 대안을 내놓았다. 그 핵심 내용은 "군대의 규율을 엄격히 할 것, 군정軍丁을 잘 훈련할 것, 궁노弓弩 제조 등 무기를 정비하여 갖출 것, 군량을 확보하고 아낄 것, 충신박문忠信博聞한 선비들과 함께 일을 도모할 것" 등이었다. 일제의 침탈을 의병으로 막아내야 한다는 것에는 뜻을 같이했지만, 방법상의 문제를 비판하고 나선 것이다.

무릇 이 네 가지 우려는 눈 앞 현실에 대한 우려일 뿐만이 아니라 미래의 화근입니다. 진실로 당면한 판도版圖에 어두워 알지 못한다면 그만이지만, 안다면 살펴야 할 것입니다. 속히 규찰하여 바르게 다스리기를 도모해야 합니다. 엎드려 바라오니 막하幕下를 엄격하게 신칙申飭하시고 군졸을 단속하며 대隊를 나누어 교련하여 규율에 들어오게 함으로써, 한편으로는 활을 제조하여 험지에 매복하여 방비하게 하고, 각 방면으로 명령을 전하여 군량미를 실어오게 하되 사치를 금하여 낭비하지 못하게 하며, 술객術客들을 모두 쫓아내어 요사한 말로 군중을 미혹시키

지 못하게 하고, 원근 사우간師友間 성실하고 미더우며, 지식이 풍부한 인사들과
더불어 마음을 성실히 하고 일을 돈독히 하여, 한 거점 지역에 정예병을 조성해
두신다면 천만 다행하겠습니다.

- 「上拓庵金公」, 『국역 석주유고』

    이 상태로는 "백성을 몰아 죽음의 길로 들어가는 것"이라고 판단했기 때문에
정예부대를 육성해야 한다는 것이 그 골자였다. 이상룡은 10년 뒤 이러한 대안을
직접 실행에 옮기기도 했다. 을사늑약에도 조정 신료들의 거의가 없자, 이를 개
탄하며 직접 의병을 일으킨 것이다. 이 무렵 안동의 유림 이만도·류도성·김도
화 등은 상소로 부당함에 맞섰다. 현실인식 면에서는 그동안 금수禽獸로 여기던
서구사회를 인정하고 국제법인 만국공법에 의지해 현실을 타개해보려는 변화를
보이기도 했다.

    이러한 상황에서 이상룡은 의병항쟁으로 가닥을 잡았다. 그리고 1896년 자신
이 스승 김도화에게 건의했던 대로 정예부대 양성을 위한 준비에 돌입했다. 이는
전투력을 갖춘 의병으로 일본에 대항한다면 승산이 있으리라는 믿음의 발로였
다. 이를 위해 이상룡은 각지의 명망가·무장가 등과 함께 거사를 시도했다. 이
는 가야산 의병기지 건설로 구체화되었다. 이상룡이 가야산에서 의병항쟁기지
를 세우게 되는 계기를 마련한 인물은 세심헌洗心軒 이규명李圭命(1851~1918, 초명
李圭洪)이다. 이규명은 1905년 6월 거창에 가서 은표隱豹 차성충車晟忠을 만났다.
그 후 7월, 차성충은 김현준金顯埈을 통해 거사의 뜻을 이규명에게 밝혔다. 10월
에는 이규명이 이상룡을 찾아와 당시 김현준을 중심으로 한 차성충·이규명·
김교림 사이에 진행되던 거사계획에 대해 알려주며, 참여할 것을 권유한 것으로
보인다. 그리고 12월 이상룡은 거창군 가조加祚의 차성충을 방문하였다. 이때부
터 안동에서 400여 리 떨어진 가야산에 진지 구축과 의병 양성을 위한 구체적인
준비가 이루어졌다.

이상룡의 가야산 의병 육성 부분
이규명, 『기년記年』
경상북도독립운동기념관 제공

1908년 1월에는 매부 박경종朴慶鍾과 함께 마련한 1만 5천 민금緡金을 이규명에게 보냈으며, 이규명은 장자와 사위를 시켜 그 돈을 거창의 차성충에게 전하였다. 드디어 2월 차성충이 가조㯗 산중에서 병정兵丁을 모집하고 무기를 갖추어, 먼저 거창의 왜를 치고 크게 기병하려는 계획을 세웠다. 그런데 기밀이 새어나가 의병진이 오히려 일본군의 습격을 당했다. 이로 말미암아 가야산 진지의 무기는 빼앗기고 병정들은 모두 흩어져, 계획했던 거사는 실패로 돌아갔다. 이규명의 『기년記年』에서 이상룡이 거액을 투자하여 준비한 의병이 일본군의 기습으로 좌절되는 전말을 확인할 수 있다. 또 그 중심에 차성충이 있음도 알 수 있다. 이규명은 1904년 이래로 여러 차례 차성충을 만나고, 그 사람됨을 높게 평가하였다. 이상룡이나 이강년 등도 차성충을 만나 거사를 논의하였고, 그 결과가 1908년의 투자로 나타난 것이다. 이상룡은 또 한편으로는 의병장 신돌석申乭石·김상태金相台 등과 연대를 모색하기도 했다.

이상룡의 가야산 의병기지 건설이 갖는 특성은 장기간의 준비를 도모했다는 점과 각 지역의 의병장과 연계하면서 군사양성·무기확보에 주력했다는 점이다. 즉 전기의병에 견주어 의병 구성이나 군사력 향상의 측면에서 좀 더 실천성을 갖추었다는 점에서 발전성이 있었다. 그러나 거병 계획은 실패하였으며, 그 과정에서 이상룡은 의병항쟁이 실제 외적의 침입을 저지하고 국가의 독립을 지키는데 실질적으로 기여하기 어렵다는 점을 자각하게 되었다. 새로운 국권회복 운동 방법을 모색하게 되었다.

유학에서 신학으로, 사士에서 민民으로

의병이 실패한 1908년, 이상룡은 서양 학문에 몰두하기 시작했다. 「공은 탄식하기를 "암혈巖穴에 거처하면서 승패를 점쳐 보았는데, 하나도 적중되지 못했으니, 이는 반드시 시국에 어두워서 이렇게 되었을 것이다."라고 하고, 동서 열강의 서적을 구해서 읽어 보고는 소수의 오합지졸로는 세계의 대세와 일본군을 대항할 수 없다는 것을 알게 되었다. 이에 생각을 바꾸어 뭇 사람의 마음을 모으고 인재를 기르는 것을 근본 사업으로 삼았다.」는 행장의 기록이 이를 알려준다.

이상룡은 1908년 「우음偶吟」이라는 시에서 수구의 헛됨, 개화파의 매국 행위, 의병의 불가함을 말하면서 민民에 대한 교육의 희망을 이야기하였다. 절망 속에 피어난 새로운 대안이 바로 서학이었고, 백성이었다. 이제 이상룡의 공부는 유학에서 서학으로, 그리고 그것을 나눌 대상도 선비士에서 민民으로 옮겨갔다.

□ 偶吟(무신년)

오십 년간 공맹서를 보아왔나니	五十年看孔孟書
누에실처럼 복잡하게 얽힌 의리 빠짐없이 분석해 놓았네.	蠶絲義理柝無餘
결국에는 말에 불과할 뿐이니 어찌 도움이 되랴마는	畢竟空言何所補

몸을 돌아보건대 도리어 사람의 옷 입고 있는 게 부끄럽네.　　反身還愧有襟裾

(중략)

청구의 백성들도 또한 적지 않나니　　　　　　　　　　　靑邱民物亦云多

음이 다하면 양이 생겨나는 이치가 어찌 어긋남이 있으랴.　陰盡陽生理豈差

십 년을 교육한다면 오히려 희망이 있으리니　　　　　　　敎育十年猶有地

공연히 절망하여 어떻게 하고자 하는가.　　　　　　　　　空然絶望欲如何

-「우음偶吟」, 『국역 석주유고』

　양계초의 『음빙실문집飮氷室文集』은 그가 서구로 향하는 창이었다. 당시 외국어를 몰랐던 우리의 지식인들은 중국인 양계초가 정리해 놓은 『음빙실문집』을 통해 서양의 학문과 사상을 수용할 수밖에 없었다. 이상룡은 이 책을 탐독하고 나서 「합군집설合群輯說」·「격치집설格致輯說」·「진화집설進化輯說」·「자유도설自由圖說」을 썼다. 이는 『음빙실문집』에 수록되어 있는 서양 근대의 정치사상과 철학, 그리고 진화론 등을 발췌·요약하여 정리한 것이다.

　특히 이상룡이 주목했던 정치학설은 아리스토텔레스·플라톤·루소·블룬칠리의 학설이었다. 철학사상에서는 베이컨·데카르트·칸트 등 주로 근대 사상가들의 학설에 관심이 컸다. 이때 이상룡은 『대학』의 격물론이 어떻게 격물이 이루어지는 것인지 그 방법을 명확하게 제시하지 못하고 있다고 유학의 인식론을 비판하기도 했다. 또한 다윈의 진화론을 읽고 사회진화론에 입각하여 유가 경전을 해석하기도 했다. 이상사회를 고대에서 찾는 것은 잘못된 것이며, 사회 발전 과정을 거난세-승평세-태평세의 과정으로 보는 『춘추春秋』 삼세설三世說이야 말로 인간사회의 진화과정을 올바로 설명한 것이라고 보았다.

대한협회 안동지회 취지서 한국국학진흥원 소장

협동학교 터 가산서당 경상북도 독립운동기념관

이상룡은 1909년 만국의 문명이 학교에 근본을 두고 있다고 보았으며, 그 문명의 근간은 교육기관에 있다고 인식하면서 망국의 원인을 교육의 부재에서 찾았다. 또한 시세時勢를 파악하고 신구新舊를 참작하여 지덕知德을 아울러야 우리 도道가 어둠에 묻히지 않을 것이며, 나라도 부흥될 수 있다고 인식하였다. 더불어 이상룡은 을미·을사년 의병의 무장투쟁이 실패한 원인 또한 시국에 어두웠기 때문이라고 진단하며, 시세에 따라 신구를 참작해야 한다고 역설하였다.[1] 시의적절한 도를 추구해야 함을 주장한 것이다. 이상룡의 협동학교 설립 참여와 대한협회 안동지회 설립은 이러한 인식 전환에 기초하여 추진되었다. 특히 그가 적극 추진한 대한협회 안동지회 설립은 안동지역에 새로운 공동체 탄생에 중요한 역할을 하였다.

대한협회 안동지회와 관련되어 움직임이 시작된 것은 1908년 말이다. 이상룡은 1908년 11월 대한협회 본회로부터 「경구지사동정敬求志士同情」을 받고, 이에 동의하여 「답경구지사동정서答敬求志士同情書」(1908)를 발송하였다. 이 답신은 1909년 1월 25일자 발행 『대한협회회보』(10호)에 수록되었다. 명확한 시점은 알 수 없지만, 이후 제반 준비과정을 거쳐 '지회설립청구서'를 제출한 것으로 보인다.[2] 다만 곧바로 지회 설립이 이루어지지는 않았던 것으로 보인다. 안동의 시찰위원으로 파견 온 윤효정이 "안동에서 지회와 같은 것은 기반이 빈약하여 발전이 의심스럽다. 따라서 일단 해산하고 새로이 기반이 공고해지기를 기다렸다가, 다시 조직하는 것이 좋겠다."라고 권고하였고, 이에 따라 해산하였다는 내용이 확인된다.[3] 이후 안동지회 창립이 이루어진 것은 1909년 5월 5일이다. 이날 회원으로 모인 사람이 56명이었고, 역원 선출이 이루어졌다. 역원에 선임된 사람은 다음과 같다.[4]

1   「행장」, 『석주유고』.
2   『大韓協會會報』제1호, 39쪽; 『大韓協會會報』제2호, 67~68쪽; 『大韓協會會報』제2호, 「大韓協會分支會設立規程」 67쪽.
3   「安東 守舊派 大韓協會員의 一進會 배척 件」, 『統監府文書』 권6, 1909년 3월 16일자.
4   「대한협회의 안동지회 창립총회 개최상황 보고」, 『통감부문서』 10, 국사편찬위원회, 2000, 323쪽.

회 장	이상희李象羲
부회장	권병시權丙蓍
총 무	이진구李眞求
서 기	김형식金衡植
회 계	김재연金載淵
평의원	이성구李性求 이성호李成鎬 우신직禹臣稷 김노선金魯宣 김만식金萬植 이상호李相鎬 권태린權泰麟 이병두李炳斗 이봉희李鳳羲[5]

역원으로 선임된 사람은 이상룡과 그의 동생 이봉희, 내앞마을 인사로는 김형식과 김만식이 있다. 김형식이 서기를 맡고, 열 살 많은 사촌형 김만식이 평의원에 선임되었다. 김만식은 1년 반 뒤에 만주망명을 위한 사전 조사 및 선발주자로 활약하게 되는 인물이다. 이상룡의 동생 이봉희도 평의원을 맡았다. 이들 외에도 이날 참여했던 회원 56명은 안동 사회의 새로운 교육공동체의 중심에 있었을 가능성이 크다.

대한협회 안동지회는 2,000여 명의 회원을 확보하고 있었다. 안동지회는 이들 회원을 대상으로 매월 2회씩 시국강연회를 개최하였다. 다루고 있는 주제도 법률·민권·사회·단체·교육 등 광범위했다. 그 가운데 무엇보다 청년을 대상으로 한 신교육은 핵심 현안이었다. 학교 설립과 운영을 재원 마련에도 힘을 쏟았다. 각 서원의 재산을 모으는 것도 한 방법이었다. 마련한 자금은 협동학교를 지원하거나, 군내 각처의 초중등학교 설립을 지원하였다. 또한 형편이 어려운 일반 대중의 교육에도 관심을 두고, 별반학규別般學規를 설치·운영하였다. 이는 야간이나 휴일에 운영되었다. 근대교육을 받지 못한 고령층, 가난으로 학교에 취학하지 못하는 사람들을 위한 학교였기 때문이다.[6]

이상룡은 대한협회 안동지회 설립에 앞서 근대식 중등학교 협동학교 설립에

---

5   원문에는 李鳳義로 되어 있으나, 이봉희의 오기임.
6   「書揭大韓協會會館」, 『석주유고』.

도 참여하였다. 이를 종합하면 협동학교와 대한협회 안동지회는 새로운 공동체의 출현이었다. 협동학교는 교장 김병식 아래 류인식과 김동삼, 김후병과 하중환 등이 앞장서고, 대한협회 안동지회는 이상룡을 비롯한 이봉희·이준형·김형식·김만식 등이 활발하게 움직였다. 이들의 주된 방향성은 신교육이었다. 이를 통해 1908~1909년 안동 사회에는 새로운 교육공동체가 등장하였다. 그 중심에 협동학교와 대한협회 안동지회가 있었다. 협동학교가 지도층을 양성하는 중등교육을 지향했다면, 대한협회 안동지회는 광범한 회원을 배경으로 협동학교를 지원하는 등 일반 민民에 대한 교육에 관심을 쏟았다. 이는 진일보한 측면으로 해석된다. 여기에는 동산 류인식의 인식과 석주 이상룡의 시대인식과 역할론이 작용하고 있다. 그러나 이를 넘어 양자는 연대하였다. 이는 안동 사회의 새로운 교육공동체이자 애국계몽운동 조직체의 출현이었다.[7]

새로운 교육공동체의 출현과 움직임은 큰 전환점이 되었다. 이후 1909년 예안의 보문의숙과 선명학교, 풍산 하회의 동화학교, 송천의 봉양의숙, 와룡 가구의 동양학교 등이 설립되었다.[8] 이후 이 지역 곳곳에서 교육계몽운동이 활발히 전개되었다. 근대교육을 수용하는 학교·의숙·사숙·강습소 등이 잇달아 설립되어 50~60여 개의 학교가 개교하였다.[9] 이는 안동 사회의 새로운 전환에 임청각의 영향이 실제 적지 않았음을 의미한다. 이들 새로운 교육공동체는 이후 만주망명 공동체로 이어졌으며, 신흥무관학교는 그 연장선에 있다고 할 수 있다.

7   강윤정, 「대한제국기 안동지역 교육공동체의 변화-협동학교 설립을 중심으로」, 『국학연구』 54, 한국국학진흥원, 2024, 176~182쪽.
8   『교남교육회잡지』 11, 「學界彙聞」, 28쪽.
9   김희곤, 『안동사람들의 항일투쟁』, 지식산업사, 2007, 207~209쪽.

새로운 세계: 기독교 수용

이상룡의 동생 이상동李相東(1865~1951, 자 健初, 호 晩眞)은 안동 사회에서 매우 이른 시기에 기독교를 수용한 인물이다. 그는 아들 이운형李運衡(1892~1972, 자 重若, 호 白光)과 함께 1906년 기독교에 귀의하였다. 이와 관련하여 『백광일기白光日記』에는 다음과 같은 기록이 보인다.[10]

> 1906년 아버님(이운형-필자 주)께서 어느 서점에서 「마가복음」을 구입하셨습니다. 본 복음서에서 기독교 구원의 참 도리와 진리를 읽으시고, 매주 화요일 임청각에 모여 철학을 토론하던 안동 석학들과 함께 새 진리를 토론하는 중 부친 건초님(이상동의 자字-필자 주)과 백광께서 기독교인이 되시기로 하나님의 부르심에 응답하셨습니다.[11]

이는 이운형의 자필 이력서를 기초로 작성한 것이다. 이를 통해 이상동·이운형 부자가 1906년 무렵 기독교를 수용했다는 점, 그리고 그들의 기독교 수용은 자발적 의사로 구독한 「마가복음」을 통해 이루어졌다는 점이 확인된다. 안동지역의 기독교 전파에 '쪽 복음서'가 중요한 역할을 했음이 알려져 있고, 이상동은 그 대표적인 사례이다. 이처럼 안동지역에서 기독교의 확산은 유학자의 유교 경전 읽기와 밀접한 관련을 가지고 있다. 그는 성경을 읽으면서 하나님을 유교의 천天이나 상제上帝 개념과 통하는 것으로 인식하였다. 또한 하늘나라의 의義가 인의를 지향하는 유교적 이상과 상통한다고 보았다. 그러나 당시 안동 유림의 분위기상 이들의 기독교 수용은 큰 반향을 일으켰을 것으로 짐작된다.[12]

---

10 『백광일기』는 백광 이운형의 차녀 이인숙과 5남 이덕화가 엮은 것이다.
11 이인숙·이덕화 엮음, 『백광일기』, 한국장로교출판사, 2006, 14쪽.
12 독립운동사편찬위원회, 『독립운동사』 3·5집, 1971.

이상동   이운형

　1906년 기독교에 귀의한 두 사람은 1909년 2월에 이르러 영양군 석보면 포산
동으로 이주하였다. 이상동의 후손들은 그의 이주 원인을 국권 상실로 인한 일종
의 피신으로 파악하고 있다. 그러나 이것만으로 이들의 포산행을 설명하기는 어
렵다. 당시 이상룡과 가족 대부분은 대한협회 안동지회 설립 준비를 하고 있었
다. 그러한 시기 영양군 포산행을 선택한 것이 국권 상실로 인한 것으로 보기에
는 무리가 있다. 그보다는 오히려 적극적인 포교 활동을 위한 것으로 보아야 할
것이다. 임청각 출신으로 안동지역에서의 포교 활동은 큰 제약이 따랐을 것이
다.[13] 특히 퇴계 학맥의 마지막 종장인 이상룡의 존재는 그의 포교 활동에 저해가
되었을 것이다.

13　이인숙 · 이덕화 엮음, 『백광일기』, 한국장로교출판사, 2006, 14~15쪽.

뒷날의 기록이기는 하지만 실제로 그들의 이러한 행보에 대하여 비판하는 사람이 적지 않았다. 이와 관련하여 『백광일기』에는 "서적만 대하시던 유림 부자께서는 이제는 쌀가루를 메시고 짚신 차림으로 영덕·영양·청송·하회·풍천 등 인근 10여 동네를 도보로 다니시며 복음을 전하는 전도자 부자가 되셨습니다. 이를 목격한 동네 사람들이 30여 대代 유림의 아흔아홉 간 임청각에 서양 귀신이 들어와 머리들이 어떻게 되었다고 수군거렸다고 합니다."라는 기록이 보인다.[14] 또한 허은의 회고록에서 "당시 학문과 덕행으로 존경받던 고성이씨 가문이라, 이 개종 사건이 큰 사건이 되어 『개벽』이라는 잡지에까지 실렸다."는 내용도 보인다.[15] 전자가 임청각 일가의 기독교 수용과 관련된 불편한 시선이라면, 후자는 호기심 가득한 시선이다. 이러한 인식은 오랜 시간 따라다녔을 것으로 짐작된다. 1909년 포산으로 옮겨온 이상동과 이운형은 1910년에 이르러 포산동교회를 설립하면서 한편으로는 농업 개발 및 성서 연구에 매진하였다. 이후 신자가 점차 늘어나 70여 명에 이르렀다. 교인의 증가로 1919년 예배당을 신축하기에 이르렀다.[16]

동생과 조카의 기독교 수용과 포교 활동은 이상룡에게도 영향을 끼친 것으로 보인다. 이상룡 스스로 기독교를 수용하고 신앙하지는 않았지만, 종교를 중요한 한 부분으로 인식하였다. 또한 그는 매우 탄력적인 태도를 보였다. 만주망명 후 기독교 세력의 확장에 대해 이교異敎의 확산으로 우려를 표하는 일각의 논의에 대해 국가와 민족 보전이 우선이며 이를 위해서는 종교가 다르다고 배척할 것이 아니라, 모두가 힘을 모아야 한다고 강력하게 피력하기도 했다.

이상룡은 근본적으로는 만주로 망명한 뒤 공교회 설립을 통한 유가적 종교공동체가 구현되길 희망하면서도, 유교만을 고수하는 태도에서 벗어나 있었다. 그는 기독교의 생사관·영혼관을 긍정적으로 평가하고, 이를 유교의 의리義理 구현과 연결하고자 하였다. 즉 사후 영혼이 있어 불멸한다면 유학의 지향인 인의仁

14   이인숙·이덕화 엮음, 『백광일기』, 한국장로교출판사, 2006, 14~15쪽.
15   구술 허은, 기록 변창애, 『아직도 내 귀엔 서간도 바람 소리가』, 정우사, 1995, 157쪽.
16   김병희 편역, 『경북교회사』, 코람데오, 2004, 48·66쪽.

義 구현을 위한 강한 구심력이 될 것이라는 인식이다. 기독교의 영혼관을 유학의 인의와 연결하여, 인의 구현에 좀 더 적극성을 부여한 것이다. 이는 석주 일가가 여러 고난 속에서도 만주에서 뜻을 꺾지 않고 항일투쟁에 매진하는 중요한 원동력이 되었다. 또한 그가 기독교인을 중요한 독립운동 세력으로 포용할 수 있었던 것도 이러한 인식이 있었기에 가능했다.

이상룡의 이러한 인식은 한편으로는 기독교가 점차 강력한 세력을 형성해가고 있는 현실의 반영이기도 했다. 대한제국의 유교문명이 무너진 반면, 서구의 기독교문화는 날로 그 세가 확장되는 상황이었다. 국내는 물론 만주지역에서도 기독교인이 점차 증가하는 추세였다. 이러한 현실적인 상황 앞에서 기독교의 생사관·영혼관을 유교의 의리 구현을 위한 논리로 적극적으로 해석한 것이다. 이는 또한 이역 만주에서 가족을 이끌고 독립운동을 전개하는 과정이 인의仁義의 구현이기도 했다.[17]

---

17 이상 2장은 강윤정, 「난세의 지식인 석주 이상룡의 공부」, 『안동학』 13, 한국국학진흥원, 2014; 강윤정, 「이상룡 일가의 기독교 수용과 민족문제 인식」, 『원불교사상과 종교문화』 95, 원광대학교 원불교사상 연구원, 2023; 박민영, 『임시정부 국무령 석주 이상룡』, 지식산업사, 2020, 32~39쪽 참조.

03

광복을 향한 선택: 만주망명

망명 결심과 떠나는 사람들

　무너지는 국권을 붙잡으려는 노력에도 불구하고, 1910년 8월 대한제국은 일본의 식민지가 되었다. 일제강점 직후 지식인들 사이에 최고의 화두는 출처出處, 즉 처신이었다. 그 선택지 가운데 '죽음自靖殉國'과 '망명'은 큰 줄기를 이루었다. 전자가 철저한 의리론에 입각한 사생취의捨生取義의 길이었다면, 후자는 조국광복을 향한 새로운 희망의 길이었다. 그 어느 것도 간단하지 않았다. 전자는 목숨을 내놓는 일이었고, 후자는 살아 고통을 감내하며 국권회복을 도모해야 하는 길이었다.

　석주 이상룡은 자신이 걸어온 52년의 길을 돌아보며 "의병과 대한협회 안동지회가 실패하고 나라가 망한 지금, 결행하지 못한 것이 있다면 죽음"이라고 토로하기도 했다. 그렇다고 죽음을 선택할 수는 없었다. 어떤 경우라도 '바른 길을 택하는 것'이 유가儒家의 근본임을 알고 있지만, 그 '바른 길'이 곧 '죽음'이라는 확신이 서질 않았기 때문이다. 결국 그는 "백번 꺾여도 좌절하지 않을 뜻을 품고, 만주로 옮겨가 독립운동을 펴겠다."는 결단을 내렸다. 죽음 대신 망명의 길을 선택한 것이다.

> 어떤 경우에든 바른 길을 택해야함은 예로부터 우리 유가에서 날마다 외다시피 해온 말이다. 그렇다면 마음에 연연한 것이 있어서가 아니라 능히 결단하지 못해서이며, 마음에 두려운 것이 있어서가 아니라 능히 단정하지 못해서이다. 다만 대장부의 철석같은 의지로써 정녕 백번 꺾이더라도 굽히지 않는 태도가 필요할 뿐이다. 어찌 속수무책의 희망 없는 귀신이 될 수 있겠는가. 만주는 단군성조의 영토이며, 고구려의 강역이라, 비록 현재 살고 있는 사람들의 복식과 언어는 다르지만 선조先朝는 동일 종족이니 이역異域이라고 할 수 없다. 이에 백번 꺾여도 좌절하지 않을 뜻으로 만주로 옮겨가 독립운동을 펴겠다.
>
> -「서사록」, 『국역 석주유고』

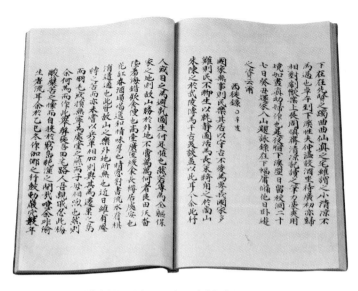

이상룡의 망명일지인 「서사록」 경상북도독립운동기념관 제공

이상룡이 망명지를 만주로 선택한 배경에는 그곳이 우리의 옛 영토라는 민족의식이 자리하고 있다. 여기에 신민회가 추진한 해외 독립운동기지 건설 계획은 그의 발걸음을 재촉하는 촉매가 되었다. 그는 나라가 무너지자 은둔하며 만주 지도를 펴놓고 고심하였다. 전하지는 않지만 1910년 겨울 『국사國史』를 쓴 것이나, 망명길에서 쉼 없이 만주를 연구한 것도 같은 맥락이다. 이상룡의 만주 중심, 곧 단군 중심의 역사인식은 망국과 망명을 경험하며 정립되었다.

임청각 일가는 가족들과 설을 쇠고, 2월 2일(음 1. 4) 선산이 있는 도곡道谷(와룡면 도곡리)에서 고향사람들을 초청해 잔치를 열었다. 다음날 새벽 일찍 사당에 나가 조상에게 하직 인사를 올린 뒤, 이상룡이 먼저 홀로 집을 나섰다. 망명 사실이 드러날까 우려했기 때문이다. 실제로 그가 떠난 뒤 남은 가족들은 경찰의 감시를 받았으며, 아들 이준형은 경찰서에 끌려가 고초를 겪기도 했다.

이상룡이 단신으로 떠난 뒤, 부인 김우락金宇洛(1854~1933)과 가족들도 망명길

에 올랐다. 아들 이준형과 며느리 이중숙, 11살의 손녀 이후석李厚錫과 5살의 손
자 이병화가 있었다. 이어 시동생 이봉희의 가족이 그 뒤를 따랐다. 연이은 망명
대열에는 여성들도 적지 않았다. 시동생 이봉희와 부인 인동장씨, 조카 이형국
의 아내 배화윤裵花潤, 조카 이광민과 그의 아내 김숙로金淑魯(내앞마을 김만식의
딸), 이광국과 아내 안동권씨, 이승화와 부인 동래정씨 등이었다. 영덕의 박경종
朴慶鍾과 혼인한 여동생, 강호석姜好錫(이명 강남호)과 결혼한 외동딸도 후에 합류
하였다.

석주 일가에서 만주로 망명한 여성들

기준인물	관 계	성명	비고
이상룡	부 인	金宇洛	김대락의 동생
	여동생	고성이씨	朴慶鍾의 처
	제수	인동장씨	이봉희의 부인
	며느리	李中淑	이준형의 부인
	딸	고성이씨	姜好錫의 처
	손녀	李厚錫	허위의 넷째 허국과 결혼
	조카며느리	裵花潤	이형국의 부인
	조카며느리	金淑魯	이광민의 부인, 김만식의 딸
	당숙모	동래정씨	이승화의 부인

　　김우락은 이때 무려 57세였다. 이상룡보다 세 살이나 많은 나이였다. 김우락
이 뒷날(1911년 10월 추석)에 쓴 가사 「해도교거사」에는 망명 여정과 그 심정이 자
세히 담겨있다. 안동의 사대문을 나서며 통곡하는 내용, 구담(안동시 풍천면 구담
리)과 봉대(상주시 봉대)에서 손서와 딸의 배웅을 받는 장면, 추풍령을 넘어갈 때
하인들과 이별하며 통곡하는 장면, 추풍령 기차역 근처에서 하룻밤을 유숙한 뒤
하루 꼬박 기차를 타고 서울 남문南門에 도착한 장면 등이 묘사되어 있다. 특히
김우락은 서울의 풍광에 적지 않게 놀라며, 변화를 예측하기 어렵다는 탄식을 쏟
아내기도 했다.

김우락의 가사 「해도교거사」 이재업 소장, 안동 KBS 제공

만사萬事 무렴無廉 하겠구나 슬프다 한국이여

이 좋은 강산을 헌신같이 버려두고

어디로 가자는 말인가 통곡慟哭이여 천운天運이여

강산江山아 잘 있거라 다시 와서 반기리라

받든 후사後事 오경五更에 한인漢人들은 모두 나갔고

일인日人만 남았으니 선선하고 흉특凶慝하여

길을 가기가 지루하더니 어느덧 신의주라

-김우락, 「해도교거사」 중에서

1911년 2월 24일(음 1. 26) 드디어 신의주에 도착한 김우락 일행은 먼저 도착해 있던 이상룡과 해후했다. 김우락은 뒷날 이때의 심정을 "어디서 듣던 소리, 먼저 오신 우리 남편 거기 와서 기다리네. 이제야 살았구나."라고 표현하였다. 먼저 신의주에 도착한 이상룡은 가족들을 기다리며, 화폐를 중국 돈으로 바꾸고, 만주에 대한 정보를 수집하기도 했다. 일행은 이상룡과 함께 2월 25일(음 1. 27) 드디어

압록강을 건넜다. 날카로운 삭풍에 살갗이 아팠지만, 그보다 가슴이 더 아렸다. 밖을 무장할 것이 아니라, 안을 다잡아야 했다. 한발 한발 디딜 때마다 멀어지는 내 땅! 내 조국! 그 무엇도 기약할 수 없는 걸음이었다. 이상룡은 압록강을 건너며, 그 비통한 마음을 시詩로 쏟아냈다. 부인 김우락도 '철석같이' 마음을 다잡으려 노력했지만, 아득한 광복의 희망에 가슴 한쪽이 아려왔다.

칼끝보다도 날카로운 저 삭풍이	朔風利於劒
내 살을 인정 없이 도려내네	凜凜削我肌
살 도려지는 건 참을 수 있지만	肌削猶堪忍
애 끊어지니 어찌 슬프지 않으랴	腸割寧不悲
기름진 옥토로 이루어진 삼천리	沃土三千里
거기에서 살아가는 인구 이천만	生齒二十兆
즐거운 낙토 우리 부모의 나라를	樂哉父母國
지금은 그 누가 차지해버렸는가	而今誰據了
나의 밭과 집을 벌써 빼앗아갔고	旣奪我田宅
거기에다 다시 내 처자마저 넘보나니	復謀我妻孥
차라리 이 머리 베어지게 할지언정	此頭寧可斫
이 무릎 꿇어 종이 되지 않으리라	此膝不可奴
집을 나선지 채 한 달이 못 되어서	出門未一月
벌써 압록강 도강하여 건너버렸네	已過鴨江水
누구를 위해서 발길 머뭇머뭇하랴	爲誰欲遲留
돌아보지 않고 호연히 나는 가리라	浩然我去矣

-「二十七日渡江」『국역 석주유고』

▲ 중국 길림성 집안현에서 바라본 압록강 전경
▼ 국경수비대의 국경 수색 모습 독립기념관 소장

나가려니 불빛은 총총하여 때때로

검은 빛이 양쪽 기슭에 어리어서

어디로 향한단 말인가 아들은 인도하고

질아姪兒는 부축하여 정신이 어지럽더니

어디서 듣던 소리 먼저 오신 우리 남편

거기에 와서 기다리네 이제야 살았구나.

신효석 집에서 지휘하여 억평 덕정을 찾아가니

가옥이 정벽靜僻하고 공쾌가 훌륭한데 만 하루를

거기서 쉬고 압록강을 건너니 철석鐵石 같은 마음이

아니라면 감창지회感愴之懷가 없을 것인가 고국을

회수回收하기 기회가 아득하여 가슴에 박히는구나.

- 김우락, 「해도교거사」 중에서

3개월의 이동과 가족단 조직

임청각 가족들이 처음 머문 곳은 회인현懷仁縣 횡도천橫道川이었다. 지금의 요녕성 환인현 항도촌恒道村이다. 1988년 편찬된 『환인현 조선족지』에는 "1911년 2월 7일부터 4월 13일까지 조선 반일조직 신민회의 이상룡·김형식·황도영·이명세 등이 환인현 심택진의 집에서 회의를 열고, 반일운동기지 건설에 관한 유관사항을 토론했다."고 기록하였다.

2월 7일(음) 항도촌에 도착한 임청각 일가도 한인 심택진沈宅鎭의 집에 잠시 여장을 풀었다. 당초 신민회와 약속했던 첫 목적지는 유하현 삼원포였다. 이에 이상룡은 삼원포 인근에 거주할 집과 토지를 구하기 위해 이미 그곳에 자리를 잡고 있던 이동녕李東寧에게 보낼 편지를 써서, 아들 이준형에게 전달하도록 했다. 그러나 유하현에 거처할 집과 토지를 구하려던 일이 수포로 돌아가자, 가족들은 항도촌 북산北山에 집을 세 내어 2월 15일(음) 이사하였다. 그런데 북산에서도 집주인의 독촉으로 오래 머물지 못하고, 이사한 지 보름만인 3월 2일 다시 두릉구杜陵溝로 이사했다. 4월 10일(음) 동생 이봉희 일행이 도착하였다. 일가가 서간도에 모두 모이는 데 꼬박 3개월이 걸린 것이다.

이로써 망명에 참여한 가족과 친인척이 모두 서간도에 도착하여 해후하였다. 김우락은 5월 하순경 다시 유하현과 통화현의 경계에 위치한 영춘원永春源으로 옮겨갔다. 그곳에서 김우락은 한가위를 맞아, 「해도교거사」를 지었다. 가족들

첫 정착지 항도촌 현재 모습
중국 요녕성 환인현 항도촌, 경상북도독립운동기념관

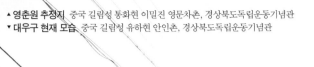
▲ **영춘원 추정지** 중국 길림성 통화현 이밀진 영문차촌, 경상북도독립운동기념관
▼ **대우구 현재 모습** 중국 길림성 유하현 안인촌, 경상북도독립운동기념관

과 헤어져서 여러 차례 거처를 옮겨왔던 힘든 과정에 탄식을 쏟아내면서도, 한편으로는 조국광복에 대한 포부를 놓지 않았다. 『석주유고』에 따르면 김우락은 10월 하순 재차 유하현의 대우구大牛溝로 옮겨갔다. 그 몇 달 사이 이상룡은 삼원포 추가가를 오가며 독립군기지 건설에 매진하였다.

임청각 일가의 집단 망명은 다음 두 가지 측면에서 주목할 만하다. 이상룡은 일제의 압제 아래 가족을 남겨 둘 수 없었고, 그 때문에 완전한 광복을 이룰 때까지는 귀국하지 않을 결심이었다. 이는 "즐거운 낙토 우리 부모의 나라를 지금은 그 누가 차지해버렸는가. 나의 밭과 집을 벌써 빼앗아갔고 거기에다 다시 내 처자마저 넘보나니, 차라리 이 머리 베일지언정 이 무릎 꿇어 종이 되지 않으리라. (27일 강을 건넘二十七日渡江)"는 이상룡의 시에서 잘 드러난다. 일제가 자신의 가족을 핍박하는 것을 두고 볼 수 없었으며, 자신 또한 목숨을 버릴지언정 그 아래 살 수는 없었다. 또 하나, 이들은 유가적儒家的 가족공동체가 만주에서도 고스란히 유지되길 희망하였다. 만주망명 1~2세대는 대부분 유학을 닦으며 성장한 유림이었다. 유학의 출발은 스스로 완전한 인격체가 되는 것이지만, 그 인격체가 구현될 가장 작은 단위인 가족공동체는 중요한 삶의 틀이자 바탕이었다. 이러한 공동체가 망명지인 만주에서도 그대로 유지되길 희망했던 것이다.

이 때문에 이상룡은 이미 나라가 병탄되기 전부터 '가족단'을 조직하기 시작하여, 1918년 만주에서 그 결실을 거두었다. 이는 이상룡이 쓴 「가족단서家族團序」에 잘 드러난다. "단체는 한 남편, 한 아내에게서 시작되어 가족이 되고, 여러 가족이 모여서 사회가 되고, 여러 사회가 모여서 국가가 된다. 그렇다면 가족이 국가와 사회의 기본이 된다는 것은 말할 필요도 없을 것이

가족단 명첩 이종기 소장

다. 문내門內의 동지들과 더불어 가족단家族團 하나를 조직하였는데, 미처 완료하지 못한 채 가족을 이끌고 만주로 건너왔다. 국가 · 사회는 가족에 기반을 두며, 가족은 개인의 신심身心에 기반을 두고 있으니, 각자 그 마음을 바르게 해야 한다."는 것이 주요 내용이다. 가족공동체가 사회를 지탱하는 근간이라는 그의 생각은 뒷날 사회주의를 수용하고서도 바뀌지 않았다. 그는 사회주의가 유교의 이상사회인 대동사회와 맥락을 같이한다고 긍정적으로 평가하면서도 가족과 국가의 해체, 그리고 자유연애를 조장한다고 비판했던 것이다.[1]

---

1   이상 3장의 글은 강윤정, 『경북여성 항일투쟁 이야기-만주로 간 경북 여성들』, 한국국학진흥원, 2018 참조.

04

독립운동기지
건설 공동체

1910년대 서간도 독립운동을 이끌다

고향을 출발한 안동지역 인사들은 신민회와 약속했던 땅, 삼원포三源浦(길림성 통화시 유하현)와 그 인근에 정착하였다. 짧게는 한 달, 길게는 석 달이 걸리는 힘든 여정이었다. 임청각 일가도 서간도에 모이는 데만 꼬박 3개월이 걸렸다. 여정도 힘들었지만, 정착과정은 더욱 어려웠다. 생활이 어렵다고 광복을 위한 노력을 멈출 수는 없었다.

만주망명 지사들의 독립운동 방략은 독립전쟁론이었다. 군사를 양성하여 일본과의 전쟁을 통해 독립을 이룩하겠다는 방략이다. 이를 위한 1910년대 활동은 크게 네 가지 방향으로 추진되었다. 첫째는 동포사회의 사회 · 경제적 안정화를 도모하는 것이었다. 독립군기지 건설을 위해서는 무엇보다 이주한인들의 안정된 생활이 필요했다. 이는 생존과 직결된 가장 기초적인 작업이었지만, 가장 어려운 과정이기도 했다.

둘째는 독립운동의 근거지가 될 자치기구를 조직하는 것이었다. 이는 안으로는 독립운동을 전개할 중요한 기반이자, 대외적으로는 자치권을 확보 받을 수 있는 기구이기도 했다. 서간도 지역에서 만들어진 첫 자치조직은 경학사耕學社였다. 경학사는 이후 부민단扶民團 · 한족회韓族會로 계승되면서, 서간도 지역 독립운동의 중심적 역할을 담당하였다.

셋째는 민족교육기관 설치와 교육 활동이다. 함께 망명한 2세대와 3세대를 민족의 동량으로 키우는 것은 독립전쟁 수행에 무엇보다 중요한 과제였다. 그 첫 학교가 1911년 삼원포 추가가에 설립된 신흥강습소新興講習所였다. 신흥강습소는 독립군을 양성할 기반이 되었고, 신흥무관학교의 모태가 되었다.

넷째는 병영兵營 설치와 독립전쟁 준비였다. 1910년대 한인사회의 최종 목표는 독립전쟁을 수행할 군사력을 양성하는 것이었다. 이를 위해 신흥학교와 같은 학교를 세우고 운영하였다. 그러나 이곳을 졸업한 청년들에게는 보다 체계적인 군사훈련이 필요했다. 이를 위해 백서농장白西農庄 · 마록구농장馬鹿溝農庄 · 길남장吉南庄과 같은 병영을 세웠다. 이는 1919년 서로군정서의 기반이 되었다.

이러한 골격은 경학사 조직 당시 선언했던 5개 항에 잘 드러나 있다. 1911년 봄 서간도 지역 애국지사들과 이주 한인 300여 명은 대고산 중턱에서 군중대회를 열었다. 이 대회에서 다음 5개 항이 결의되었다.

> 첫째, 민단적 자치기관의 성격을 띤 경학사를 조직할 것
> 둘째, 전통적인 도의에 입각한 질서와 풍기를 확립할 것
> 셋째, 농업을 적극 장려해 생계방도를 세울 것
> 넷째, 학교를 설립해 주경야독의 신념을 고취할 것
> 다섯째, 기성군인과 군관을 재훈련해 기간장교로 삼고 애국청년을 수용해 국가
>   의 동량 인재를 육성할 것

이날의 결의에 따라 경학사가 조직되었고, 이를 이끌어갈 사장社長에는 이상룡이 추대되었다. 이상룡은 「경학사취지서」를 발표하면서 조국독립을 위해 매진해 나갈 것을 천명하였고, 그 무거운 걸음을 한발 한발 내디뎠다. 이는 이상룡만의 걸음이 아니라, 온 가족의 미래였다.

자치단체를 조직하다: 경학사와 부민단

1911년 봄, 삼원포 추가가 대고산 중턱에서 '민단적 자치기관'으로 조직된 경학사耕學社는 글자 그대로 주경야독을 표방했다. 이는 경학사 조직 5개 항 가운데 "셋째, 농업을 적극 장려해 생계 방도를 세울 것, 넷째, 학교를 설립해 주경야독의 신념을 고취할 것"과 일맥상통한다. 그리고 경학사는 "전통적인 도의道義에 입각한 질서와 풍기가 확립"된 동포사회를 전망했다. 이를 위해 무엇보다 필요한 것은 교육이었다. 이에 경학사는 곧바로 학교 설립에 나섰다. 우리가 잘 알고 있는 신흥강습소(1919년 신흥무관학교)이다. 그리고 또 하나의 목표는 "기성군인

경학사 취지서 경상북도독립운동기념관 제공

과 군관을 재훈련해 기간장교로 삼고 애국청년을 수용해 국가의 동량 인재를 육
성하는 것"이었다. 독립을 향한 청사진이었다.

그러나 이러한 목표를 실현하기 위해서는 '생명'을 부지할 산업기반 마련이 무
엇보다 시급한 과제였다. 이 모든 과정의 기초가 될 일이었지만 가장 어려운 일
이기도 했다. 얼마의 시간이 소요될지 그 누구도 장담할 수 없는 상황이었다. 경
학사 사장 이상룡은 「경학사 취지서」에 이러한 다짐과 각오를 담았다.

나라가 이 지경이 된 것은 모두의 책임이니 죽기를 각오하고 힘을 모아 독립을 해
야 할 것이다. 어떤 힘든 상황이 닥치더라도 백 번 꺾여도 변심하지 않는다는 의
지를 다잡아야 할 것이다. 또한 갈 길이 멀고 더디다고 근심하지 말지니, 작은 걸
음이 쌓여 1만 리를 갈 수 있으며, 한 삼태기도 쌓이면 태산이 될 수 있다.

46

이미 예견된 어려움을 굳센 의지로 극복하자는 강한 메시지였다. 독립운동기지 건설이라는 새로운 과제 앞에, 한인사회는 무엇보다 '굳센 의지와 희망'이 필요했다. 또한 원망과 책임보다는 나라가 무너진 책임이 모두에게 있음을 통감하길 바랐다. 이미 알고 선택한 길이었기에 마음은 모질게 먹었지만, 모두에게 힘든 시간이었다. 대흉년과 풍토병으로 숱한 목숨이 쓰러졌다.

결국 1913년 경학사가 무너지고, 독립운동기지 건설을 약속했던 동지들도 흩어졌다. 안정적인 산업기반이 없는 상황에서 독립운동은커녕 생활조차 예단하기 어려웠다. 이러한 상황에서 생존의 근간이 될 산업 마련, 즉 안정적 농업 경영은 무엇보다 절실했다. 그 대안은 논농사의 성공이었다. 중국인의 소작농으로 살아가야 하는 한인들에게 있어 중국인과 차별화된 논농사의 성공은 생존을 보장할 중요한 작업이었다. 그 때문에 이상룡을 비롯한 망명 공동체는 '신풀이'라 불린 수전水田 개간에 매달렸다. 리더도, 팔로워도 모두가 힘겨운 시간이었다.

더러는 자금 마련을 위해 국내로 들어왔다. 안동의 류인식·이준형·이원일이 그 대표적인 예이다. 그리고 더러는 더 이상 견디지 못하고 완전히 귀국하였다. 임청각 매각 결정은 바로 이러한 배경에서 이루어졌다. 이상룡의 용단이었지만, 그 일을 맡은 사람은 아들 이준형이었다.

이러한 상황에서 이상룡은 1913년 남만주 거주 동포들에게 경고문 「경고남만주교거동포문敬告南滿洲僑居同胞文」을 썼다. 봉천성奉天省에 거주하는 동포들이 28만 6천여 명이라는 기사를 보고, 그냥 있을 수 없었기 때문이다. 그는 동포들을 위해 붓을 들었다. 그리고 다음 세 가지를 제시했다.

첫째, 산업産業이다. 이상룡은 가장 먼저 힘을 쏟아야 할 것으로 산업을 손꼽았다. 타국에서 살림이 궁핍하면 만사가 어려워 질병이 생기고 인구가 감소하니, 가장 먼저 산업에 주력하자고 호소했다. 둘째, 교육敎育이다. 우선 이상룡은 인

경학사 조직 추가가 대고산

간의 도리道理를 다하기 위해서는 교육이 필요하다고 하였다. 이는 고금의 당연

지리當然之理이다. 이상룡은 여기에 머물지 않았다. "일제에게 땅을 내어주고 이

역을 떠도는 것은 교육이 미흡했기 때문이며, 인류가 경쟁의 장場에 돌입한 현 상

황에서 교육은 무엇보다 중요하니, 한 달에 아홉 번 밖에 식사를 못하는 한이 있

더라도, 반드시 교육에 힘써야 한다."고 지적하였다. 신흥학교는 이러한 인식에

바탕을 두고 있음을 알 수 있다.

셋째, 권리權利이다. 이상룡은 "권리는 인간 생명의 뿌리이다. 그런데 스스로

노력하면 얻을 수 있지만, 내버려두면 잃게 될 것이다. 세계의 5억 인구가 목숨을

잃으면서도 냉엄한 경쟁을 하는 것은 모두 권리를 확장하기 위함이다. 산업·교

육·권리 이 세 가지는 모두 중요하지만 특히 유념해야 할 것은 '권리' 두 글자"라

며, 권리의 중요성을 언급하였다. 그리고 어려운 상황이었지만 권리 확보 방안

에 대한 밑그림을 제시했다. "권리를 만들기 위해서는 사회단체로 단합하는 것

외에는 다른 방법이 없으니, 마을을 만들어 공동체를 키우고, 나아가 법적단체를

만들어가자."는 청사진이었다.

곳곳에서 이루어진 '신풀이'와 여성들

1913년 경학사가 무너지고 한인사회는 안정적 기반을 위해 수전농업 개발에

매달렸다. 중국인의 소작농으로 살아가야 하는 한인들에게 있어 중국인과 차별

화된 논농사의 성공은 독립운동기지 건설의 승패를 결정할 중요한 작업이었다.

그 때문에 만주에서는 습지를 개간하여 수전水田을 만드는 작업이 이루어졌다.

이를 '신풀이'라 불렀다.

땅을 가진 중국인들도 수전 개간에는 긍정적이었다. 이 때문에 1년 정도 무상

으로 땅을 빌려주기도 했다. 그러나 그만큼 어려운 작업이었다. 무엇보다 힘든

작업은 울로초를 제거하는 작업이었다. 울로초는 뿌리가 서로 엉키는 데다가,

그 뿌리 위에 다른 나무들이 또 뿌리를 내려서, 이를 걷어 내는 것이 쉽지 않았다.

이 작업을 끝내고 어렵게 파종을 해도 기후와 토질이 달라 잘 여물지 않았다.

이러한 작업에는 남성뿐만 아니라 여성들도 매달렸다. 만주망명을 대의大義라 여겨 기꺼이 동참했건, 마지못해 왔건, 망명지에서의 삶은 눈앞에 닥친 현실이었기에 선택의 여지가 없었다. 당시 겨우 10살을 넘긴 여자아이 허은許銀도 이일을 했다고 할 정도였다. 아주 연로한 노인이나 어린아이가 아니라면 모두 중요한 노동력이었다. 특히 독립운동가 집안일수록 여성과 노약자들이 이 일에 나설수밖에 없었다.

> 이렇게 논을 개간하여 논농사를 짓고 난 뒤부터 비로소 밥을 맛볼 수 있었다. 일년 비용도 갚고 비교적 안정된 생활이 시작되었다. 그러자 본국에서 농토 없이 고생하는 가난한 친척들을 불러들였다. 먼저 온 애국지사들은 개척지를 계획하는 일부터 이민자들을 배당하는 일을 대대적으로 했다. 이민 온 사람들 관리하고 통솔하는 일이 곧 애국활동이었다. 매년 봄가을로 만주 동삼성 방방곡곡에 널린 한인마을에 수십 호씩의 이민이 쏟아져 들어왔다. 아마 무오년(1918)과 기미년(1919)에 가장 많았을 것이다.
>
> ─『아직도 내 귀엔 서간도 바람소리가』(개정판) 중에서

허은의 이러한 회고는 논농사의 성공이 국내 동포들의 만주 이주에 중요한 요소로 작용했음을 알려주고 있다. 1919년 3·1운동으로 독립에 대한 열망이 높아져, 만주망명의 강력한 요소로 작용한 것도 사실이지만, 그 배경에는 논농사의 성공이 있었다. 여성들은 새로운 이주자들이 만주에서 안정적으로 정착하는 데 기여하기도 했다. 남성들이 만주 이민자들을 조직적으로 배당하고 관리하는 일을 담당했다면, 여성들은 실제 먹여주고 보살피는 일을 수행했다. 이처럼 여성들은 한인사회의 경제적 안정과 사회적 안정, 나아가 한인사회 확산에 적지않은 역할을 담당했다.

학교설립과 운영: 다 포기해도 교육만은

1911년 봄 경학사耕學社 조직 당시 결의했던 5개 항에는 '생존을 이어갈 산업 육성'과 더불어 민족인재 양성에 대한 구상도 들어있었다. '학교를 설립해 주경 야독의 신념을 고취한다'는 조항이었다. 이는 1913년 이상룡이 「경고남만주교 거동포문敬告南滿洲僑居同胞文」에서 강조한 부분이기도 하다. 학교설립에 대한 구상은 만주망명 초기부터 이루어졌고, 곳곳에서 결실을 맺었다. 그 가운데 신흥강습소新興講習所(신흥무관학교)는 독립전쟁을 수행한 대표적인 교육기관으로 손꼽힌다.

그러나 이러한 위상에 견주어 초기 설립과정을 정확하게 알려주는 자료는 거의 없다. 그나마 김대락金大洛(안동 내앞, 이상룡의 매부)의 『백하일기白下日記』(1911~1913)가 없었다면 정확한 설립 날짜조차 알기 어려웠을 것이다. 만주망명 초기 3년의 일을 당일당일 기록한 『백하일기』의 사료적 가치는 그만큼 높다.

학교설립과 관련된 기록은 1911년 5월 21일(음 4. 23) 처음 등장한다. 이날 이동녕·장유순이 김대락의 집에 와서 학교설립에 관한 일을 논의하였다는 내용이다. 이어 6월 10일(음 5. 14) 추가가鄒家街에서 학교의 문을 열었다는 기록도 보인다. 김대락은 이날 오후 학교에 직접 들렀다고 하였다. 그런데 학생들의 실질적인 개학은 6월 21일(음 5. 25)에 이르러서야 이루어졌다. "오늘이 개학이라 하여 어린 손자가 함께 추가가의 신흥학교에서 수학하였다."는 내용이 이를 뒷받침한다.

학교가 문을 열기까지 수많은 사람들의 노력이 있었다. 특히 안동을 중심으로 한 안동인들은 중요한 인적 자원이었다. 개교 전인 1911년 6월 6일(음 5. 10)부터 안동인들은 학교에 딸린 농장에서 여러 차례 콩을 심거나 모내기, 김매기를 하였다는 내용이 『백하일기』에 여러 번 등장한다.

만주 조선인 마을 앞에서 놀고 있는 아이들 독립기념관 소장

5월 11일. 사위 이문형(이광민)과 정식, 윤일이 실이實伊와 함께 학교의 농장으로 가서 콩을 심고 비에 젖는 것을 무릅쓰고 저녁에 돌아왔다.

6월 15일. 아이(김형식)가 학교 콩밭에 가서 김을 맸다. 호미가 뭔지도 모르던 사람이 어떻게 풀을 맬지… 바로 이른바 자신의 밭을 내버려 두고 남의 밭을 김맨다고 하는 것이니, 우습고 우습다.

윤6월 1일. 조카 정식과 손자 창로가 학교 운동장 축 쌓는 일로 도시락을 싸서 함께 가고, 집 아이는 사무 때문에 그대로 자고 돌아오지 않아, 외로운 집을 혼자 지켰다.

윤6월 16일. 정식 조카와 손자 창로가 학교 모내기한 논에 김매러 갔다.

이처럼 학교 하나 세우는 일에 수많은 사람들이 매달렸다, 자신이 공부할 학교의 축대를 직접 쌓고, 밭을 일구는 작업부터 차근차근 수행해 나갔다. 1911년 봄, 신흥무관학교의 초석을 다지는 일이 그렇게 시작되었다.

추가가의 신흥강습소에 이어, 또 하나의 학교설립이 시작되었다. '신흥중학교'의 설립이었다. 추가가의 신흥강습소가 초등교육기관으로 출발했다면, 합니하의 신흥학교는 중등교육과 무관양성을 목표로 삼았다. 이는 1911년 봄 경학사 조직 당시 선언했던 5개 항 가운데 다섯 번째 항에 잘 드러나 있다. "다섯째, 기성 군인과 군관을 재훈련해 기간장교로 삼고 애국청년을 수용해 국가의 동량 인재를 육성할 것"이 바로 그것이다.

그 때문에 학교는 외부에 잘 드러나지 않으면서, 병농兵農이 가능한 너른 평지를 필요로 했다. 통화현通化縣 합니하哈泥河가 적당한 공간으로 결정되었다. 지금의 통화현 광화진光華鎮 광화촌光華村에 속한 지역으로, 지금도 '고려촌'으로 불리는 곳이 있다. 합니하의 신흥무관학교는 1920년 경신참변으로 무너질 때까지 서간도 지역 독립운동의 산실로 기능하였다. 그만큼 힘든 시기를 겪어냈던 공간이기도 하다.

'신흥중학교' 설립에 대한 구체적인 논의가 시작된 시기는 명확하지 않다. 김대락은 『백하일기』에서 1912년 4월 5일(음 2. 18) "이동녕李東寧과 이철영李喆榮이 와서 학교 짓는 일을 대략 말해주었다."고 하였다. 늦어도 4월 초에는 논의가 구체화 단계에 접어들었음을 알려주는 대목이다. 이어 4월 중순(음 2월 말) 무렵 학교 부지가 확정되고, 5월 4일(음 3. 18) 터를 닦고 교사 신축에 들어갔다. 이날 68세의 김대락도 합니하로 가서, 여러 사람과 함께 학교 영건營建에 참여하였다. 이때 김대락은 "강산이 밝으면서 수려하고, 지세가 평탄하고도 넓어서 정녕 유자儒子 학도들이 들어앉아 수양할 곳으로 합당하다. 마음이 상쾌해졌는데 이곳에 들어와 처음 느끼는 것"이라며, 자신의 소회를 밝히기도 했다. 이는 학교 위치에 대한 중요한 정보를 담고 있다. 신흥중학교는 공사를 시작한 지 약 75일만인 7월 20일에 낙성식을 가졌다. 낙성식을 겸하여 신흥강습소 학생들의 졸업식도 이루어졌다.

▲ 합니하 신흥무관학교 터 가는 길
▼ 신흥무관학교 터(추정) 박진관 제공

1912년 9월 2일(음 7. 21)에는 학교 구회區會가 처음으로 열리기도 했다. 그 뒤 학교는 군사훈련을 위한 제반 시설들도 갖추어 나갔다. 『아리랑』의 주인공 김산은 "학교에는 병영사兵營舍가 세워졌다. 각 학년별로 널찍한 강당과 교무실이 마련되었고, 내무반 안에는 사무실·숙직실·편집실·나팔반·식당·취사장·비품실 등이 갖추어 졌다."고 회고하였다. 이를 갖추기까지 학교를 지켰던 사람들은 녹록지 않은 시간들을 견뎌내야 했다.

그 뒤 합니하 신흥학교는 본부가 고산자 부근의 하동河東 대두자로 옮겨 갈 때까지 서간도 지역 독립운동의 산실로 기능하였다. 이름만 들으면 알만한 독립운동가에서 무명의 인사까지 수많은 청년들과 교관들이 거쳐 갔다. 특히 안동을 비롯한 경북지역 인사들의 역할은 적지 않았다. 그러나 안타깝게도 우리는 여전히 '신흥무관학교'가 위치했던 정확한 장소를 고증해내지 못하고 있다.

병영兵營을 만들다

1913년 동포사회를 이끌던 경학사가 해체되었다. 그러나 신흥학교만은 끝까지 포기할 수 없었다. 오히려 모든 역량을 집중해야 했다. 이와 관련하여 석주 이상룡은 "모든 것을 쏟아부었다."고 표현하였다. 어려운 상황 속에서 1913년 또 하나의 조직이 탄생했다. 바로 신흥학우단新興學友團이다. 신흥학교 졸업생 김석·강일수·이근호 등의 발의로 5월 6일, 합니하 신흥학교에서 창립되었다.

정단원은 교직원·졸업생이었고, 재학생은 준단원으로 참여하였다. 학우단의 첫 이름은 다물단多勿團이었다. '옛 강토를 회복한다'는 뜻이 담겨있다. 다물단은 뒤에 학우단으로 이름이 바뀌었으며, 본부는 대화사에 두었다. 신흥학우단은 "혁명대열에 참여하여 대의를 생명으로 삼아 조국광복을 위해 모교의 정신을 그대로 살려 최후일각까지 투쟁한다."는 목표를 세웠다. 투쟁 목표와 더불어 강령도 만들었다. 목표와 강령 이외에도 학우단 단원들은 '선열의 시범·단시團是·단가團歌' 등을 낭독하고 애창했다. 그 가운데 '선열의 시범' 다섯 가지는 겨레

『신흥교우보』와『신흥학우보』 독립기념관 소장

를 향한 자신들의 결연한 맹세였다.

창단 뒤인 5월 10일 신흥강습소에서 제1회 임시총회를 열었다. 이날 25명이 참석하였다. 이들 가운데 임청각 관련 인물로는 이형국李衡國과 강남호姜南鎬(이명 강호석·강덕재)가 확인된다. 이형국은 이상룡의 조카이며, 강남호는 사위이다. 이들 외에도 안동인으로 김동삼이 총무부장으로 활약했다는 기록도 보이지만, 『신흥교우보』에서는 김동삼의 이름이 확인되지 않아, 이를 단정할 수 없다. 다만 김동삼이 1915년 신흥학우단이 주축이 되어 꾸려진 백서농장의 장주가 되었다는 사실은 그 가능성을 충분히 시사한다.

신흥학우단은 여러 사업을 펼쳐나갔다. 독립사상을 고취하기 위해『신흥교우보』를 발간하였으며, 학교설립을 통한 교육사업, 군사훈련 연구와 실력 양성 등의 활동을 전개하였다. 이러한 신흥학우단의 경험은 뒷날 독립군영 '백서농장'의 밑거름이 되었다. 이는 1913년 어려운 상황에서도 신흥학교를 포기하지 않고 역량을 집중했던 결실이었다.

▲ 백서농장 영농모습 독립기념관 소장
▼ 길림성 통화현 백서농장 입구

1914년 제1차 세계대전이 일어나자, 만주의 독립운동가들은 병영 설립에 나섰다. 중·일전쟁이 일어난다면 우리에게도 참전의 기회가 열릴 수 있다는 희망 때문이었다. 그 결실로 신흥무관학교에 이은 제2군영으로 백서농장白西農庄을 세웠다. 병영 설치는 1914년 가을부터 시작된 것으로 보인다. 위치는 몇 가지 설이 있지만 통화현 제8구 팔리초八里哨 오관하五管下 소백차小白岔가 유력하다. 이곳에 빽빽이 들어선 나무를 베고, 정지작업을 시작한 지 6개월이 지난 1915년 봄 무렵 드디어 병영이 완성되었다.

백두산 서쪽 깊은 산속에 자리 잡았다 하여 '백서'라 이름하였고, '농장'이라고 불렀지만 사실상 병영兵營이었다. 1919년 문을 닫을 때까지 모두 385명의 군인들이 이곳에 입영하였다. 이들은 주로 신흥무관학교 졸업생과 신흥학교 분교생이었다. 원병상은 백서농장에 대해 다음과 같이 기억하였다.[1]

> 이곳은 사람의 발자취가 닿지 않은 밀림지대로써 곰·멧돼지·오소리 등 산짐승이 득실거리는 깊은 산골짜기였다. 이곳에 막사를 짓고 큰 뜻을 품은 동지들이 모여, 새와 짐승을 벗 삼아 스스로 밭 갈고 나무하는 농사꾼이 되어 '도원결의桃園結義'의 굳은 맹세를 방불케 하였다. 열악한 조건에도 결의에 찬 모습을 그려볼 수 있다. 그러나 교통이 불편하고 물자가 부족하여, 병사들은 영양실조와 각종 질병으로 극심한 고통을 겪었다. 결국 1919년 3·1운동 후 한족회의 지시로 문을 닫았으며, 대원들은 서로군정서西路軍政署로 편입되었다. 백서농장은 비록 성공을 거두지는 못했지만, 4년에 걸친 고난은 이후 펼쳐질 독립전쟁의 큰 밑거름이 되었다.

---

1   이상 4장의 글은 2020년 필자가 『경북일보』(1. 3~11. 5)에 기고한 글을 일부 수정한 것임을 밝혀둔다.

각자의 몫을 감당한 시간

김우락金宇洛(1854~1933): 이상룡의 부인

석주 이상룡의 부인 김우락金宇洛(1854~1933)은 1854년 안동시 임하면 천전리 (내앞마을)에서 아버지 김진린과 어머니 박주 사이에서 4남 3녀 가운데 넷째로 태어났다. 큰 오빠는 함께 만주로 망명한 독립운동가 김대락金大洛이며, 막내 여동생이 3·1운동에 참여했다가 고문으로 실명한 김락金洛이다. 「해도교거사」에 따르면 김우락은 19세(1872년 무렵)에 이상룡과 혼인하였다. 그 사이에서 1남 1녀를 두었다. 아들은 이준형이며, 딸은 강호석姜好錫(이명 강남호)에게 출가하였다.

김우락은 가진 재산도, 누리는 신분도 모두 남부럽지 않은 큰 집안의 종부였다. 그러나 기울어져 가는 나라의 운명은 평범한 종부의 삶을 허락하지 않았다. 1910년 나라가 무너지자, 남편 이상룡은 만주망명을 선택했고, 김우락도 광복의 뜻을 좇아 만주로 망명하였다.

> 일찍이 문명을 맞이하였으면 이 천리 만주 땅이 우리 품에 돌아올까. 옛 글에 일렀으되 지청지수至淸至粹 무無라고 하더니 텁텁한 그 가운데 싸인 것이 물화物貨로다. 어와 회중會中의 영웅 열사 한마음으로 합력하더라. 사업 달하시고 복국의 명인名人이 되십시오 역역力役하다 우리 향국인걸은 사람마다 영웅준걸 망국인종 불쌍하다 마음속에 헤아리며 하루 보고 오전 오니 영춘원을 왔다는 말인가 … 중략… 어와 이내 몸이 청춘소년이 어제였는데 육십의 나이 늦었구나 이 몸 어찌 다시 젊어 영웅열사 모으면 독립 국권 쉬울 것이니. 아무리 여자라도 이때 한번 쾌설하고자 하니. 백수노인 우리 주군 만세만세 만만세야 이름이 하늘을 덮고 만인지상 되시며 복국의 공신이 되셔서 천만세 무궁하도록 만대의 영웅이 되지어라 용호龍虎와 같은 자식들아 나태한 마음먹지 말고 부모에게 영효榮孝하라. 용호 같은 사위손서 영화복록 장원長遠하라.
>
> -김우락, 「해도교거사」 중에서[2]

2   김우락, 「해도교거사」(정연정 · 천명회 국역).

김우락의 친정집 백하구려 독립기념관 소장

만주망명 안동인들은 대부분 무장투쟁론 즉 독립전쟁론을 방략으로 삼았다. 이는 만주에서 군대를 양성하여 전쟁으로 독립을 이루겠다는 것이다. 그러나 이는 간단한 일이 아니었다. 숱한 목숨이 쓰러졌고, 더러는 견디지 못하고 고국으로 돌아갔다. 그 고난의 역사에 이상룡은 경학사 사장社長을 시작으로 부민단 단장, 서로군정서 독판 등 최고지도자의 중책을 맡아 한인들을 이끌며 투쟁을 이어나갔다.

김우락은 지도자의 아내로서 의연함을 잃지 않고, 고난을 감내하였다. 그는 자신과 가족들의 삶이 국권회복을 위한 길임을 분명히 인지하였다. 이는 망명 초기 가사에서 "자신이 좀 더 젊었더라면 독립에 힘이 되었을 것이며, 아무리 여자라도 한번 쾌설快雪할 것이라."고 한 대목에서 분명히 드러난다. 노령의 여자로서 남성에 견주어 큰 힘이 되지 못하는 처지이지만, 조국광복을 위한 삶이 당연하다고 여긴 것이다. 이 때문에 김우락은 고난의 길이었지만 남편 이상룡이 가는 길을 지지하고 칭송했으며, 자제들도 그 길을 적극 따를 것을 권면하는 역할에 충실하였다.

그러나 시간이 갈수록 만주생활은 고난과 슬픔의 연속이었다. 어린 손녀와 손자를 잃었고, 1914년에는 오빠 김대락도 생을 마감하였다. 김우락은 희망을 잃지 않으려고 자신을 다잡아야 했다. 이러한 모습은 그녀가 쓴 「간운스」에 잘 드러난다.

어와 우습도다 육십경역 우습도다 슈양손 취미가을 우리먼져 간심ᄒ여 비사지심 먹지말고 활대한 심스로서 희망부쳐 지내리라. …중략… 슬푸다 내일이야 진몽인가 이ᄍᆞ이 어대련고 아마도 꿈이로다 즁천의져기력이 너난엇지 나라가노 이 몸이 남ᄌᆞ린들 세계각국 두루노라 쳔ᄒᆞ스업 다홀거슬 무용여ᄌᆞ익들도.

김우락은 만주생활을 수양산에 들어가 고사리를 캐먹었던 백이·숙제의 충절에 비유하며, 큰마음으로 희망을 잃지 않고 살겠노라고 다짐하고 또 다짐했다.

또 한편으로는 자신이 남자였다면, 세계를 섭렵하고 천하의 중요한 일을 할 수 있었을 터인데, 무용無用의 여자임을 애달파하기도 하였다. 이미 60세가 넘은 여성으로서 조국광복에 좀 더 큰 보탬이 되지 못하는 답답한 마음을 드러낸 것이다. 이는 가족이라는 틀 안에 머물던 절의節義가 나라를 위한 충의忠義로 확장되었음을 보여준다.

이후 김우락의 모습은 손부 허은의 회고록『아직도 내 귀엔 서간도 바람소리가』에서 그 단편이 확인된다. 그는 망명 초기부터 자신의 집에서 열리는 각종 회의 등 대소사大小事를 진두지휘해야 했다. 특히 자제들이 희망을 잃지 않도록 다독이는 역할 또한 그가 해야 할 중요한 몫이었다.

> 시집온 그 이듬해, 갑자년(1923) 동짓달에 어머니 편지가 왔는데 대소가 따라 노령으로 이사 간다고 적혀 있었다. 그 편지 읽고 얼마나 울었는지 모른다. …중략… 할머니가 귀는 좀 어두웠으나, 내가 편지 받고 우는 사연을 눈치 채고는 "아이고 가엾어라. 우리도 강실이·유실이 열예닐곱 살 때 그렇게 먼데 시집보내 떨쳐두고 왔더니, 그 보복이 너한테로 돌아 왔구나."하시며 함께 우셨다. 세상을 잘못 만난 탓이라 하고, 광복 대업을 성공하면 너희들은 오늘을 회상하며 좋은 때를 볼 것이라고 하며 나를 달래셨다.
>
> - 『아직도 내귀엔 서간도 바람소리가』 중에서

이렇듯 의연히 버티며 독립운동을 지지하며 내조하던 김우락은 1932년 남편 이상룡이 서거하자, 귀국길에 올랐다. 망명 갈 때도 힘들었지만 돌아오는 길은 더 어렵고 비통했다. 일제의 감시를 피해 밤에만 이동해야 했고, 습종濕腫에 걸린 김우락은 손자에게 업혀와야 했다. 석 달 동안 고생하며 국경에 이른 김우락은 "고향을 등지고 강을 건너갈 때도 체면 없더니, 광복을 이루지 못하고 돌아가신 어른 유해도 남겨 둔 채 다시 강을 건너게 되니, 체면이 정말 말이 아니구나."라며 끝내 눈물을 쏟아냈다. 78세가 되어 21년 만에 고국 땅을 밟았지만, 광복은 커녕 남편의 주검마저 이국땅에 묻어두고 귀국하는 자신의 처지가 한스럽기 그지없었다. 김우락은 고국으로 돌아온 지 1년만인 1933년 세상을 떠났다.

이준형과 그의 아내 이중숙

이준형李濬衡(1875~1942)은 석주 이상룡의 아들이다. 자는 문극文極. 호는 동구東邱이며, 이명으로 이재섭李在燮·이중종李中組·이동고李東皋라는 이름이 있다. 그의 만주에서의 활동은 크게 네 가지로 살펴볼 수 있다. 첫째, 가족들의 안정적인 도만到滿과 정착이었다. 아버지 석주 이상룡이 독립을 과제로 동포사회 안정화라는 큰 밑그림을 그렸다면, 실제로 가족을 이끌고 이를 뒷받침하는 일은 이준형의 몫이었다. 망명 초기 어머니 김우락은 「해도교거사」에서 허약한 몸으로 이를 위해 동분서주하는 아들을 향한 안타까운 마음을 담아내기도 했다.

> 어디로 향한단 말인가 아들은 인도引導하고
> 질아姪兒는 부축하여 정신이 어지럽더니 …중략…
> 목적이 있어 오신 양반 개인으로 있을 것인가
> 부자父子가 흩어져 어지럽게 정해지니 놀랍고 기가 막혀라
> 같이 오기가 돈정하니 영성齡成한 아들
> 어린 자손 버려두고 어찌하여 가자는 말인가
> 내 마음에는 불합不合하지만 기강 없는 육십노인
> 객지에서의 일을 어찌하리 대체代替할 방법이 없네
> 업은 아이 내려놓고 떠나기를 작정하니
> 세세히 이를 말을 다할 수 있겠느냐
> 허약한 너의 내외 조심하여 편히 있고 …후략…[3]

---

3   김우락, 「해도교거사」(정연정·천명희 국역).

우선 항도촌에 도착한 이준형은 부친 이상룡을 도와 목표로 했던 유하현柳河縣 삼원포三源浦 정착을 시도했지만, 뜻대로 되지 않았다.[4] 이준형은 겨우 항도촌 두릉구杜陵溝에 거처를 마련했다가, 5월 23일에 이르러서야 영춘원永春源에 이르렀다. 이어 가을이 되어서야 겨우 유하현의 대우구大牛溝에 정착하였다.[5]

거처를 마련하는 것도 어려웠지만, 망명지에서 생명을 이어가는 일은 더욱 어려운 일이었다. 1911년 첫해부터 흉작이 되는 바람에 혹독한 생활고에 시달리게 되었다. 첫 정착지였던 회인현에서 이준형은 여섯 살 딸을 잃었고, 2년 뒤 또다시 둘째 아이를 잃었다.[6] 외삼촌 김대락은 1911년 12월 16일자 일기에서 "저녁에 생질 이문극(이준형-필자 주)이 와서 자며 초나라 포로들처럼 마주 앉아 울었다. 형편이 가여우면서도 겨울은 이미 다 가는데 몸담을 곳조차 없으니 한탄스럽고 한탄스럽다."며 이준형의 상황을 적었다.[7]

둘째, 독립운동기지 건설 참여이다. 이준형은 만주에서 이루어지는 자치단체와 교육 활동을 지원하였다. 우선 이준형은 신흥강습소에 참가하였다. 신흥강습소에서 그가 어떤 역할을 맡았는지는 정확하게 알 수 없지만, 『백하일기』에는 그가 학교에 관계하고 있음을 보여주는 여러 기록이 있다. 1911년 11월 18일부터 21일 사이, 12월 15일 기록 등에서 이상룡·이준형 부자가 학교 일로 다녀간 사실이 확인되며, 1912년 6월 합니하에 새 학교가 낙성될 때도 이준형이 참석하였다.[8]

또 하나는 가족의 안정과 더불어 한인 생활 안정에 노력했다는 점이다. 대표적인 사례는 중국 국적 취득이었다.[9] 이준형은 아버지를 비롯한 가족과 더불어 중

---

4 안동독립운동기념관 편, 『국역 백하일기』, 경인문화사, 2011, 30쪽.

4 안동독립운동기념관 편, 『국역 백하일기』, 경인문화사, 2011, 30쪽.
5 김희곤, 『안동 사람들의 항일투쟁』, 지식산업사, 2007, 519쪽.
6 허은 구술, 변창애 기록, 『아직도 내 귀엔 서간도 바람소리가』, 정우사, 1995, 121~122쪽.
7 안동독립운동기념관 편, 『국역 백하일기』, 경인문화사, 184쪽.
8 안동독립운동기념관 편, 『국역 백하일기』, 경인문화사, 175~184쪽.
9 1914년 8월 29일 이상룡·이준형(이재섭)과 가족들이 중국 귀화를 허가받았다(「南北滿洲 및 西伯利在住 朝鮮人의 狀況에 관한 末松警視 報告의 件」(機密 제247호), 『朝鮮人에 대한 施政關係雜件 一般의 部』3, 1925.8.15.).

국 국적을 얻었다. 만주에 정착한 독립운동 지도자들이 한인 생활 안정화를 위해 적극적으로 귀화 사업을 추진하였다. 이는 안정된 토지확보를 위해 선행되는 기초 작업이었기 때문이다.

셋째, 자금모집과 관련된 활동이다. 특히 정착단계였던 1912~1913년은 극도로 어려운 시기였다. 이 문제를 풀기 위해 이준형은 아버지의 명을 받고 국내에 들어와 임청각 매매를 시도하기도 했다. 이와 비슷한 상황은 만주생활 내내 이어졌다. 그 밖에도 자금모집과 관련된 자료가 확인된다. 1914년, 이준형은 부친을 비롯해 가족과 더불어 해룡부海龍府 간포干浦에 거주하면서, 국내 자금모집 조직에 참가했다는 내용이다. 해룡부의 이상룡의 집에서 이봉희·박경종·김동삼·이준형·이형국 등 유력자들이 모여 자금모집을 협의했으며, 이준형도 같은 주소지에 사는 유력 인물로 일제는 파악하였다. 대구에서 열리는 공진회共進會를 계기로 삼아 자금모집 계획을 세우고, 이준형의 고모부 박경종과 종조부 이승화 李承和가 대구로 잠입한 사실이 이 문건의 주요 내용이다.[10]

넷째, 독립전쟁 지원이다. 1919년 3·1운동 이후 한족회韓族會와 서로군정서 西路軍政署가 조직되자, 이준형은 실질적으로 이를 지원하였다. 며느리 허은許銀의 회고에는 "내가 처음 시집가서 보니 백로지 뭉치가 방 안에 가득히 쌓여 있었다. 사랑에는 등사판을 차려 놓고 계속 인쇄해서 전 만주와 중국, 또 한국으로 보내고 있었다. 그러니 날만 새면 숨 쉬는 것부터가 돈이었다. 군자금, 독립자금 만드는 일이 가장 급선무일 수밖에 없었다. 고모네에 우리가 얹혀살면서 방 한 칸은 우리가 거처하고, 또 한 칸은 군정서 회의하는 방으로 썼다."는 기록이 있다.[11] 이는 독립운동 지도자의 집에서 이루어졌던 실제적인 일을 기록한 것이다. 이준형의 역할을 보여주는 주요한 대목이다.[12]

---

10 「不逞者의 處分 / 警高機發」 제3049호, 『不逞團關係雜件-朝鮮人의 部-在滿洲의 部4』, 1914. 12. 28.

11 허은 구술, 변창애 기록, 『아직도 내 귀엔 서간도 바람소리가』, 정우사, 1995, 115·120쪽.

12 이상 이준형 관련 내용은 강윤정, 「안동인의 만주지역 항일투쟁과 동구 이준형」, 『역사인물 선양학술대회-동구 이준형의 학문과 독립운동』, 한국국학진흥원, 2019 참조.

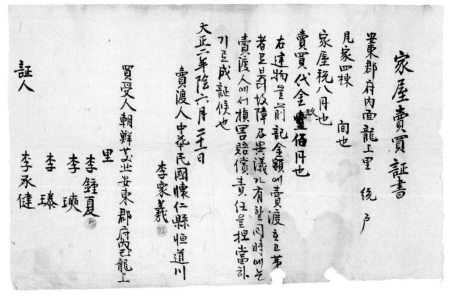

家屋賣買証書

安東郡府內面龍上里　統　戶

見家四棟　間也

家屋稅八円也

賣買代金壹佰円也

右建物을前記金額에賣渡立코第

者는異議가有望時에는賣

渡人에서損害賠償責任을担當하

기로成証候也

大正二年陰六月二五日

賣渡人中華民國懷仁縣恒道川

李家義

買受人朝鮮安東郡府內面龍上

里

李鍾夏

証人

李璜

李承健

임청각 매매문서

宅地及山販賣買証書

安東郡府內面龍上里院业員

月字六九田二庭味一斗落七卜五ㅅ

七〇〇一庭味八升落六卜五ㅅ

六七～三庭味一斗落七卜五ㅅ

六八ㅅ庭味四斗三升落四卜三卜

家後山一局

賣渡代金壹佰円也

右宅地及山販을前記金額에賣渡하고第三

者는異議가有望時에는賣

渡人에서損害賠償責任을担當하기로成証

候也

大正二年陰六月二五日

賣渡人中華民國懷仁縣恒道川李家義

買受人朝鮮安東郡府內面龍上里李鍾夏

証人

李璜

李承健

택지 등 매매문서

67

이중숙의 친정 목재고택 안동시 도산면 원천리

이준형의 아내 이중숙李中淑(1875~1944)은 1875년 아버지 이만유李晩由와 어머니 금진우琴鎭宇 사이에서 셋째 딸로 태어났다. 17세가 되던 1892년 이준형과 혼인하여, 3녀 1남을 두었다. 맏딸은 풍산류씨 류시준柳時俊에게 출가하였으며, 둘째 딸은 조병원曹炳元과 혼인하였다. 셋째 딸은 이후석이며, 넷째인 아들은 이병화李炳華이다. 1911년 일가가 만주망명 길에 오르자 이중숙은 이미 출가한 두 딸을 두고, 셋째 딸 이후석(11세)과 아들 이준형(5세)을 데리고 망명하였다. 이때 그는 36세로 집안의 기둥이었다.

망명 직후부터 남편 이준형은 시아버지 이상룡의 손발이 되어 움직였다. 이상룡을 도와 경학사耕學社 설립에 참여하였으며, 재정곤란으로 독립운동계가 어려움을 겪자, 재정 마련을 위해 수차례 만주와 국내를 오갔다. 1919년 한족회와 서로군정서 설립을 이끌었으며, 1923년 한족노동당을 창립하고 간부로 활동하였다. 1924년 정의부正義府 설립에 참여하였으며, 1928년부터 중공당中共黨 만주성위원회滿洲省委員會 반석현磐石縣 책임자로 활약하였다.

그러다 보니 망명초기부터 집안일은 당연히 이중숙의 몫이었다. 이와 관련된 기록이 없어 구체적인 사실을 드러내기는 어렵다. 그러나 가족의 생계는 물론 주변의 독립운동가를 보필하는 일이 이중숙의 몫이었음을 쉽게 짐작할 수 있다. 시어머니 김우락이 이를 진두지휘했다면, 이중숙은 실제 이 일을 감당해야 하는 위치였다. 그 일은 며느리 허은을 맞이하는 1922년까지 오롯이 그녀의 몫이었다. 10년 넘게 그 일을 도맡았던 이중숙은 며느리 허은을 맞이하면서 비로소 무거운 짐을 나누게 되었다. 허은은 시어머니 이중숙이 쇠약한 몸으로 함께 농사일을 했다고 회고하였다.

어머님(이중숙-필자 주)과 함께 일꾼들 밥해 가지고 들판에 갖다 주러 가곤 하였다. 일꾼들 밥 먹도록 해놓고도 우리는 쉴 수가 없었다. 지대가 높아 논농사가 안되는 곳엔 옥수수와 콩·팥·고추를 심어놓았다. 밭 옆에 조그마한 초옥이 있어서 아기는 거기에 눕혀놓고 밭일을 했다. 하다보면 어느새 저녁때가 된다. 집으로 돌아갈 때는 해가 좀 있어야 빨리 가서 집안일도 할 수 있고, 또 덜 무섭다. 그러나 일하다 보면 그렇지 못할 때가 많았다. 어둑어둑해져 오는 황량한 들길을 서둘러 와야 했다. 하늘아래 사람 그림자 하나도 없는데 땅 끝만 바라보며 고부가 나란히 걸었다. 갈 길이 바빠 서로 말도 잊는 채로.

- 『아직도 내귀엔 서간도 바람소리가』(개정판) 중에서

이중숙은 잦은 병치레를 하였다. 이 때문에 김우락은 손부 허은이 시집오자 "제발 며느리처럼 아프지만 말아 달라."고 부탁할 정도였다. 결국 병을 이기지 못한 이중숙은 귀국 뒤, 5년 동안 중풍을 앓다가 세상을 떠났다.

1942년 9월 남편 이준형은 "하루를 더 사는 것은 하루의 치욕을 더할 뿐이라."며 자결을 결심하고, 유서를 써내려갔다. 그 글에 '창가에 누워있는 아픈 아내'에 대한 걱정을 담았다. 신념에 따라 자진을 결심했지만, 만주에서 함께 고생했던 아내에 대한 걱정을 떨칠 수 없었던 것이다. 남편이 자결하고 2년 뒤인 1944년 이중숙도 세상을 떠났다.

05

독립선언과
독립전쟁

이상동과 이운형의 3 · 1운동

　　1906년 기독교 수용 후 1909년부터 본격적인 포교 활동을 전개하던 이상동은 1919년 3월 13일 안동면 장날에 단신으로 독립만세운동을 전개하였다. 이상동의 독립만세운동은 안동지역에서 일어난 첫 만세운동이었다. 그는 대한독립만세라고 쓴 종이를 들고, 공신상회 앞 도로를 행진하며 대한독립만세를 외쳤다.[1] 붙잡혀 압송되는 차 위에서도 "상제上帝의 가호로 한국은 열흘을 넘기지 않아 독립할 것이고, 지금 감옥에 들어가지만 출옥할 날이 가깝다."고 외치며 만세를 멈추지 않았다.[2] 이상동은 상제의 가호, 즉 하느님의 가호로 한국이 곧 독립될 것으로 인식하였다. 당시 기독교를 수용한 인물 가운데는 이러한 인식을 가진 인물이 적지 않았던 것으로 보인다.[3] 만세시위 전개로 징역 1년 6월형을 선고받은 이상동은 항소와 상고를 이어갔다.[4] 그는 고등법원에서 자신의 행위에 대한 정당성을 강하게 피력하였다.

　　대개 율법이라는 것은 죄있는 사람에게 가해야 할 것으로서 본인은 대한국민으로서 대한의 독립이 가하다고 한 것이 무슨 죄가 되는 것인지? 만세를 고창할 때에도 조금도 잘못한 것이 없는데 무엇이 죄인가? 만약 일본민으로서 대한의 독립에 대해서 의기義氣로서 찬성, 화창和唱한다고 한 것도 죄라고 할 수 있는가? 하물며 본래 대한민으로서 영구 죽어도 일본민임을 원하지 않는 민民이 독립을 고창하는 것이 무슨 죄가 되는가? 죄가 되지 않는다면 무슨 률에 해당하는가? 인민人民의 수준 진보하고, 세계의 공의公義 결정되어, 부흥 시기가 저절로 오면 독립할

1　공신상회는 현 안동문화광장 신한은행 앞 성결교회 입구에 위치한 것으로 추정되고 있다.
2　독립운동사편찬위원회, 『독립운동사』 3 · 5집, 1971.
3　청송군의 강원백의 경우는 그 대표적인 사례이다. 그는 "독립운동 때문에 잡히는 것은 국가를 위해 명예롭게 죽는 것과 같다. 원래 우리가 기독교를 믿는 것도 조선의 독립을 기대하기 때문이다"(권상우, 「안동지역에서 유학과 기독교의 만남-유림의 기독교 수용 과정을 중심으로-」, 『동서인문학』 51, 계명대학교 인문과학연구소, 2016, 116쪽).
4　조선총독부 경북경찰부, 『고등경찰요사』, 1934, 173~174쪽; 독립운동사편찬위원회, 앞의 책.

밖에 없으며, 그 율법의 범위에 대해서도 혹 몇 개인을 죄에 적용시키도록 징치할 법은 있어도 전국 인민을 잡아가두고 징역할 것은 동서양 6천년 래의 역사에 없는 일이다. 율법의 공의에 대해서 말한다면 인생의 자유인 의리를 어떻게 뺏을 수 있으며, 또 민족의 조국의 정신을 어떻게 소멸시킬 수 있는가? 일본을 위해 말해도 의義를 높을 수 없고, 권리와 압제를 높이면 공법을 위반하게 되는 것이다.[5]

이상동은 영구히 일본인이 되기를 원치 않은 자신의 이러한 행위는 정당하다고 강변하였다. 또한 그는 자유와 민족의 정신은 타의에 의해 소멸될 수 없는 것이며, 일본이 이를 강행한다면 이는 공법을 위반하는 것이라고 주장하였다. 이와 더불어 이상동은 만국인의 '화평'을 상제上帝의 본의로 인식하였다. 민족의 화목과 안녕에 힘쓰는 것이 지상의 과제이자, 하늘의 본의를 구현하는 것이라고 보았던 것이다.[6] 이는 그의 기독교 신앙과 민족문제 인식이 동일선상에 있음을 보여주는 대목이다.

이상동의 아들 백광 이운형도 기독교 수용 후 차별화된 행보를 보였다. 아버지 이상동과 함께 포산으로 옮겨 포교 활동을 지원하던 이운형은 1913년 협동학교協東學校에서 신학문을 수학하였다. 협동학교는 1908년 류인식 · 김동삼 등이 내앞마을(안동시 임하면 천전리)에 설립한 학교이다. 경술국치로 이듬해 1911년부터 학교를 이끌던 인사들이 대거 만주로 망명하자, 1912년 임동면 수곡리 정재종택定齋宗宅(정재 류치명 종가)으로 옮겨 운영되었다. 이후 1919년 폐교될 때까지 안동지역 독립운동의 요람으로 중요한 역할을 했던 곳이다. 이운형은 정재종택으로 옮겨온 협동학교에서 수학, 1915년 졸업 후 조교로 활동하였다.[7]

---

5   「이상동 판결문」, 고등법원, 1919년 5월 13일.
6   원컨대 일본 관헌된 諸位에게는 深亮改圖하여 19세기 시대 동서양의 우열경쟁만을 주장하는 사상과 수단을 멀리 버리고 만국 인생을 子視하며, 화평을 豫定한 上帝의 본의에 순종하여, 금일 만국공법과 같이 각자 독립하고 人族 화목하고 세계를 安泰하도록 주의하고, 금번 우리 전국민에게 펴려고 하는 압제 율법을 환수하게하고, 지금 그 車牛 크다해도 비록 一針이 가늘어도 잘못 삼키면 병사한다(「이상동 판결문」, 고등법원, 1919년 5월 13일).
7   이상은 강윤정, 「이상룡 일가의 기독교 수용과 민족문제 인식」, 『원불교사상과 종교문화』 95, 원광대

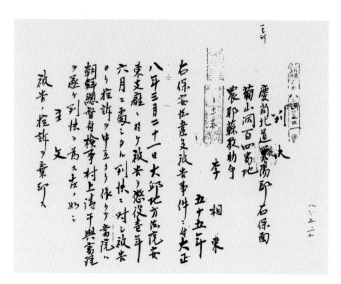

「이상동 판결문」 대구복심법원, 1919.04.12

이상동이 3·1운동을 전개한 공신상회 부근 『사진으로 보는 근대 안동』, 안동대학교 박물관 편, 2002

학교 원불교사상연구원, 2023 참조.

이후 1918년 만주로 옮겨가 백부 이상룡의 독립운동을 지원하는 한편 전도 활동을 펼쳤다. 8월부터는 동흥학교 고등과에서 4개월간 교사로 재직하였으며, 1918년 11월에는 만주와 국내 독립운동을 연결하기 위해 국내로 들어왔다. 그는 포고문을 가져오는 등 남만주와 국내를 연결하는 책임을 맡았다. 1922년 경북 영덕에서 덕신학교를 설립하였으며, 이후 경북 북부지역 여러 곳에서 유치원을 설립한 것으로 알려져 있다.[8] 이후 그는 안동면려청년회, 안동유치원기성회 집행위원장 등을 역임하며 사회운동을 전개하였다. 특히 안동유치원설립 활동은 이후 안동 사회에 안동여성회가 탄생하는 주요 요인으로 작용하기도 했다.[9]

만주에서 독립전쟁을 치르다

1919년 3월 만주 길림에서 「대한독립선언서」가 발표되었다. 제1차 세계대전이 끝난 직후 나라 안팎에서 독립선언서가 발표되었는데, 그 흐름을 이끌어낸 것이 이 선언이다. 이 「대한독립선언서」에 등장하는 대표 39인 가운데 8명이 신흥무관학교 관련자이다. 이상룡을 비롯한 김동삼·여준·이동녕·이세영·이시영·이탁·허혁이 바로 그들이다.[10]

이러한 3·1운동의 열기가 나라 안팎에서 거세게 퍼져 가던 1919년 4월, 유하현 삼원포에서 한족회韓族會가 조직되었다. 이는 부민단扶民團 중심으로 남만주지역의 여러 조직을 묶어낸 것이다. 3·1운동의 열기와 함께 확장된 동포사회의 자치 활동을 지도하고, 교육기관을 통해 독립군을 양성·무장항쟁을 준비하기 위함이었다. 여기에서 이상룡은 중앙위원회 위원을, 김동삼은 총무사장을, 김규식金圭植이 학무부장을 맡았다.[11]

8   이인숙·이덕화 엮음, 앞의 책, 14~15, 19쪽.
9   대한예수교장로회 안동교회, 『安東敎會 八十年史(1909~1989)』, 안동교회, 1989, 156쪽.
10 송우혜, 「대한독립선언서(세칭 무오독립선언서)의 실체」, 『역사비평』 43, 역사비평사, 1998, 158쪽.
11 김동삼이 서무사장을 맡았다가 신흥무관학교를 졸업한 金聲魯에게 넘겨주었고, 김대락의 아들 김형

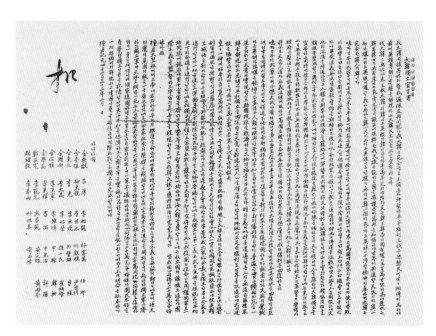

만주 길림에서 나온 대한독립선언서 독립기념관 소장

한족회는 출범 직후 곧바로 군사기관인 군정부 설치에 나섰다. 한족회에 상응하는 군정기관이 필요했기 때문이다. 김동삼은 한족회의 결정에 따라 통하현 팔리초 깊숙이 자리했던 백서농장白西農庄을 철수시키고, 군정부 수립에 참여하기 위해 삼원포로 이동하였다. 군정부는 남만주 독립운동 총본영으로 조직되었다. 총재로 이상룡, 부총재로 여준이 선임되었다. 그런데 이 무렵 상해에서도 대한민국 임시정부가 수립되고, 단합할 것을 요청했다. 이와 관련하여『석주유고』의「행장」에는 다음과 같이 기록되어 있다.

여운형呂運亨을 파견하여 더불어 단합할 것을 요청하였다. 의논이 합치되지 못하고 분분하자, 공(이상룡)이 이르기를, "내 생각으로는 정부를 세운 것이 너무

식이 학무부장을 맡았다.

빠르지만, 이미 세웠으니 한 민족에게 어찌 두 정부가 있을 수 있으리요. 또한 지금은 바야흐로 미래를 준비해야 할 시기이니, 마땅히 단합해야 하며, 권세 있는 자리를 마음에 두어서는 안 된다."하고, 드디어 정부를 상해에 양보하고, 군정부를 고쳐 군정서軍政署라 하고서 독판제督辦制를 채용하였다.

이 글에서 이상룡이 임시정부 측의 요청을 받아들여 군정부의 이름을 서로군정서西路軍政署로 바꾸고, 독판제로 개편하였음을 알 수 있다. 이러한 정황은 대한민국 임시정부 공보(제7호)에서도 확인된다. 즉 이상룡은 민주공화국을 지향한 대한민국 건설에 동참하면서 독립전쟁을 위한 독립군의 군사지도자로서 임시정부에 참여했던 것이다. 또한 1920년대 초 안창호에게도 답신을 보내 기꺼이 군사적 기반이 필요했던 임시정부에 군사 협조를 약속하였다. 이진산과 윤기섭을 임시의정원에 파견하여, 1920년을 '전쟁선포의 해'로 이끌어낸 것도 바로 그 일환이었다.

그 뒤 임시정부가 혼란에 휩싸이고 제 기능을 수행하지 못할 때에도 서간도 지역 인사들은 창조파와 임시정부 사이에서 '개조' 쪽에서 양자를 보합하려는 노력을 꾸준히 전개하였다. 석주 이상룡이 이승만 탄핵 이후 박은식에 이어 임시정부 국무령이 된 것은 단순한 명망 때문이 아니라 서간도 지역과의 이러한 관계 속에서 추진된 것으로 보아야 할 것이다.

1919년 3·1운동은 과장된 표현이지만 "모든 것을 바꾸어 놓았다."고 할 정도로 그 영향력이 컸다. 특히 수많은 혁명가들이 탄생하는 계기가 되었다. 경북의 권오설·김단야·박열 등이 그 대표적인 사례이다. 여성들도 예외는 아니었다. 모두 3·1운동의 후예後裔들이었다. 그들이 선택한 공간도 일본·중국·러시아 등 다양했다. 만주도 이들을 수용하여 새롭게 나아가야 했다. 특히 신흥무관학교는 모여드는 애국청년들과 재만在滿 청년들로 성황을 이루었다.

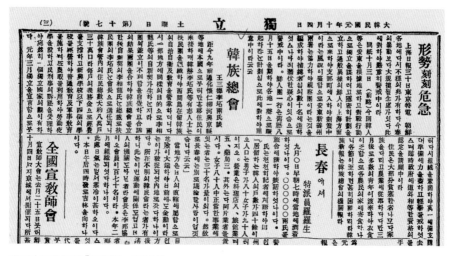

1919년 10월 4일자 『독립신문』 한족총회

이에 새로운 터전을 확충하는 일이 시급한 과제로 떠올랐다. 1912년부터 자리 잡았던 통화현 합니하는 천험의 요새였지만, 독립의 열기를 품고 몰려드는 청년들을 다 수용할 수 없었기 때문이다. 이에 본교를 고산자 부근 하동河東 대두자로 옮기고, 합니하에 있던 학교는 분교로 삼았다. 그 과정에 대해서는 기록에 따라 차이가 있지만, 대체로 1919년 5월 정식 사관학교 개교식을 한 것으로 알려져 있다. 이로써 신흥무관학교는 추가가와 합니하에 이어 고산자까지 세 개의 교사를 갖게 되었다. 훈련을 받은 학생들도 늘어났다. 이에 대해 이상룡은 다음과 같이 기록하였다.

> 현재 새로운 학교에서 양성한 우등 자격을 가진 사람이 5~6백 명이며, 2·3등의 자격을 가진 사람이 7~8백 명으로, 새로 모집되어 아직 훈련을 받지 않은 사람은 다수인데 낱낱이 숫자를 들어 말씀드릴 수는 없습니다.
>
> ─「답도산창호」, 『국역 석주유고』

고산자 하동 대두자 경상북도독립운동기념관 제공

새롭게 모집되어 아직 훈련을 받지 못한 학생을 빼더라도 그 수가 1,200~1,400명에 달했다. 신흥무관학교와 더불어 독립군단 서로군정서도 활기를 띠었다. 서로군정서는 독판부(대표부)·정무청(민정담당)·군정청(군정담당)·참모부(군사지휘) 등으로 구성되었다. 최고 대표인 독판에 이상룡, 군사지휘를 총괄하는 참모장에는 김동삼이 선임되었다. 그리고 여기에 김형식·김동만·김규식·김창로(김형식 아들) 등의 안동 인사들이 참여하였다. 직임을 맡지는 않았지만 임청각의 이봉희·이광민·이준형 등도 서로군정서에 참여하여 이상룡을 보좌하였다.[12]

신흥무관학교 확장과 더불어 독립군단 서로군정서의 독립전쟁 준비도 본격

12 김희곤, 『만주벌 호랑이 김동삼』, 지식산업사, 2009, 99·104쪽.

화되었다. 안으로는 신흥무관학교를 확장하고 서로군정서를 꾸렸으며, 밖으로는 대한민국 임시정부와도 협력하였다. 그러나 이들을 먹이고 입히는 일, 전쟁을 수행할 무기를 조달하는 일은 간단치 않았다. 공동체의 전 구성원이 이를 위해 노력했다. 여성도 예외는 아니었다. 그러나 '의지와 정신'만으로는 불가능한 일이었다. 무엇보다 시급한 문제는 재정이었다.

군정서를 이끌었던 지도자 이상룡에게는 애타는 시간이었다. 1920년대 초 그는 "무기에 대해 말하면 이곳이 북으로는 러시아 땅과 접해있고 서쪽으로는 중국과 통하는 곳이라, 참으로 상당한 자금을 가지고 있다면 수입할 길이 없는 것은 아닙니다만, 한탄스러운 것은 재정이 뒷받침되지 못하는 것입니다. 그 때문에 시간만 끌고 준비한 것은 적으니, 호기를 놓치고 초심初心을 저버리게 되지나 않을까 심히 염려스러울 따름입니다."라며 안타까움을 토로하였다.

서로군정서는 북간도를 중심 무대로 활약하던 김좌진과도 공조 관계를 맺고 있었다. 이는 이상룡이 1920년 봄 대한군정서 김좌진에게 보낸 편지에서 확인된다. 편지의 골자는 "이장녕을 파견해 달라."는 것이었다. 이에 이상룡은 "서로군정서와 대한군정서가 둘이 아니고 하나이니, 지금 진행 중인 업무를 거두고 이장녕을 파견하겠다."는 내용의 답신을 보냈다. 이미 다른 임무를 띠고 있었던 이장녕을 기꺼이 파견한 것이다. 더불어 이상룡은 자신의 이러한 생각을 헤아려 진실한 마음으로 연대하여 경계를 두지 말고 단결하여 함께 나아가자는 마음도 전하였다.

이상룡은 1920년 5월 중·일합동수색대가 근거지를 압박해 오자 성준용과 강남호를 보내 비밀 병영 터를 찾게 하였다. 이들이 찾아낸 곳은 안도현 내도산인데 북로군정서 구역과 가까운 밀림 속이다. 이상룡은 이청천에게 1개 대대 병력을 거느리고 그곳에 주둔하게 하였다. 8월에는 김동삼이 직접 왕청현 서대파西大坡에서 북로군정서를 방문하여 작전을 논의하기도 하였다.[13] 그 뒤 이들은 청산리에서 일본군을 맞아 전투를 치렀다.

---

13 「행장」, 『석주유고』 ; 김희곤, 「안동 내앞마을-항일 독립운동의 성지」, 지식산업사, 2012, 113~116쪽.

06

간도참변을
딛고:
새로운 인연과
지속되는 투쟁

간도참변: 다시 길 위의 삶, 새로운 인연

1920년 10월 청산리전투는 독립군의 승리로 끝났다. 그러나 일제의 대규모 병력은 만주 한인사회를 그대로 두지 않았다. 1920년 10월 초 서·북간도로 침입한 일제의 대병력은 독립군 '초토화 작전' 못지않게, 간도 한인사회 '초토화'에 집중했다. 이로 인해 간도의 곳곳에서 참극이 벌어졌다. 일본군이 한인촌락을 습격해서 사람들을 사살하고, 방화를 자행했던 것이다. 특히 청산리전투에서 패배한 뒤에는 더욱 심했다. 이를 경신참변庚申慘變 혹은 간도참변間島慘變이라 부른다. 전자는 시간에, 후자는 공간에 초점을 둔 용어이다.

이때 입은 한인들의 피해가 어느 정도인지는 명확하게 알기 어렵다. 박은식은 『독립운동지혈사』에서 일제의 만행이 가장 극심했던 1920년 10~11월 2개월 동안 피살 인원 3,600명, 체포된 사람이 170명, 부녀자 강간 70여 건, 불탄 가옥이 3,200여 채, 학교 41채, 양곡 소실이 5만 3,400여 석이나 되었다고 기록하였다.

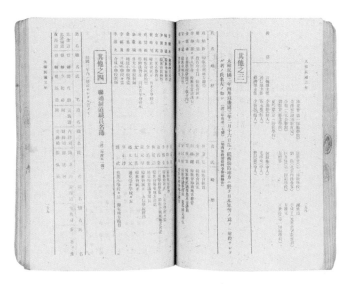

『조선민족운동연감』 경상북도독립운동기념관 소장

그 수많은 희생자 가운데 안동인 김동만金東滿(1880~1920, 임하면 천전리)이 있었다. 그는 형이었던 일송 김동삼이 1912년 만주로 망명하자, 남은 가족들을 이끌고 그 뒤를 따랐다. 삼원포에 세워진 삼광학교三光學校의 교장을 맡아 교육 활동을 펼쳤으며, 1910년대 중반에는 잠시 귀국하여 남은 토지를 팔아 자금을 마련하는 일을 맡기도 했다. 그 뒤 1919년 4월에 조직된 서로군정서西路軍政署에서 활동하였다.

형을 대신하여 가족을 돌보며 독립운동을 이어가던 그는 1920년 11월 6일 일본군에 의해 무참히 살해되고 말았다. 이때 유하현 마록구馬鹿溝에 살고 있던 12명이 함께 끌려 나와, 왕굴령王屈嶺이라는 고개 밑에서 무참하게 죽어갔다. 죽은 김동만의 시신이 너무나 참혹하여, 이를 목격한 아내 월성이씨는 정신착란 증세를 보였다. 결국 남은 가족들은 안전한 곳을 찾아 북쪽으로의 이동을 선택했다. 이러한 상황은 비단 김동삼 일가뿐만이 아니었다. 10년간 일구어 놓은 독립운동 본거지는 말할 것도 없고, 생활근거지 마저 안전하지 못했다. 어렵게 마련한 터전을 떠나, 모두가 북으로 북으로 이동하고, 흩어지는 시간이었다. 이와 관련하여 허은은 다음과 같이 회고하였다.

> 경신년 일본 대토벌이 전 만주를 휩쓸어 애국지사들은 물론이고 농민들도 무조건 잡아다 학살하였다. 애국지사들은 산지사방 가족을 두고 단신으로 흑룡강성 오상현(지금의 상지시-필자 주)·영안현으로 흩어졌다. 우선 봉천성을 빠져나가는 게 시급했다. 가족도 버리고 발길 닿는 대로 걸어서 도피했던 애국지사들은 얼마 후 머물 곳이 정해지면 연락을 취해서 가족들을 몰래 오라고 하였다. 우리도 왕산댁 허학 재종숙이 영안현 철령허로 오라고 하기에 또 그리로 이사하였다.
> － 『아직도 내귀엔 서간도 바람소리가』(개정판) 중에서

1922년 1월 허은은 작은오빠 내외, 할아버지, 아버지, 어머니와 함께 철령하로 옮겨갔다. 초등학교 건물에 임시거처를 마련했다가, 7~8월 무렵 집을 새로 지

철령하 현재 모습 흑룡강성 목단강시 양명구

어서 옮겨갔다. 입택한 지 얼마 되지 않아 허은의 혼사가 본격적으로 추진되었
다. 남편은 이상룡의 손자 이병화였다. 1922년 음력 섣달 스무이튿날로 혼인날
이 정해졌다. 이때 허은의 나이 열여섯이었다. 두 집안의 혼사는 허은이 처음이
아니었다. 4~5년 전 유하현 마록구에 머물던 허은의 재종숙 허국(왕산의 막내아들)
이 이상룡의 셋째 손녀 이후석과 혼인하였고, 허은의 혼사에 허국이 큰 역할을
한 것이다.

> 혼인 정하기 4~5년 전에 만리거우에 살고 있던 허국 재종숙이 왔다. 이분이 석주
> 어른의 셋째 손녀와 혼인을 하였다. 친정 재종숙이 시집 시누이 남편이었다. 나
> 를 자기네 처남댁이 되었으면 좋겠다고 중매를 한 것이다.

86

액목현 교하 검성중학교 터 길림성 교하시 오림조선족향 신안촌

　이렇게 시작된 혼인은 시집가는 길부터 고난이었다. 허은의 시집은 하얼빈에서 천 리 들어간 영안현 철령하였고, 시댁은 화전현 완령하였다. "무려 2천 800여 리 길"이었다고 허은은 회고하였다. 부산에서 신의주 거리와 맞먹는 거리이다. 기차로 하얼빈까지 와서 장춘으로, 장춘에서 길림까지 간 것이다. 음력 12월 12일 출발해서 24일 도착했다. 마차 타고 걷기를 반복하며 얼어붙은 길을 걷고 또 걸었다. 허은은 그 길을 운명으로 받아들였다. 그리고 그 운명에 맞서 꿋꿋하게 살아갔다.

　운명이라는 것이 아마 그런 건지도 모르겠다. 항일투사 집안에서 태어나 항일투사 집으로 시집간 것도 다 운명이었던 것 같은 생각이 든다. 나라의 운명 때문에

한 개인의 운명도 그렇게 되었을 것이다. 이천팔백리 먼 길은 내 시집가는 길이요, 앞으로 전개될 인생길의 험난함을 예고하는 길이기도 했다. 조국의 운명이 순탄했으면 그리 되었겠는가?

- 『아직도 내귀엔 서간도 바람소리가』(개정판) 중에서

이광민의 성장과 활동

1920년대 들어 새로운 주역이 성장하였다. 대표적 인물이 이광민李光民(1895~1945)이다. 그는 1895년 안동에서 이봉희의 장남으로 태어났다. 본명은 이문형李文衡, 호는 자화子華, 이명은 이영형李永衡(이영李英 · 李暎)이다. 그는 누대에 걸쳐 명문가로 자리했던 고성이씨 임청각의 후손이다. 만주지역 독립운동의 지도자 이상룡이 바로 그의 백부이다.

성장하여 10대 초반에 이른 이광민은 안동지역 애국계몽운동의 요람이었던 협동학교에서 신학문과 민족의식을 쌓았다. 경술국치 직

이광민

후인 1911년 망국의 현실을 고민하던 이상룡이 가족을 이끌고 서간도 망명에 나서자, 16세의 이광민도 함께 그 길에 올랐다.

만주로 망명한 독립운동가들의 1910년대 활동은 크게 네 가지로 압축된다. 첫째는 동포사회의 사회 · 경제적 안정을 도모하는 것이었다. 서간도에 독립군기지를 건설하기 위해서는 무엇보다 이주한인들의 안정적인 생활기반이 필요했기 때문이다. 둘째는 독립운동의 근거지가 될 자치기구를 조직하는 것이었다. 그 첫 출발이 경학사耕學社였다. 경학사는 이후 부민단扶民團과 한족회韓族會로 계

승되었고, 이는 남만주 지역 독립운동의 중심 역할을 담당하였다. 셋째는 민족 교육기관 설치와 교육 활동이다. 1910년대 한인사회의 큰 목표는 독립전쟁을 수행할 군사력을 양성하는 것이었다. 이를 위해 신흥학교新興學校를 비롯한 많은 학교를 세우고 운영하였다. 넷째는 병영兵營의 설치였다. 신흥학교를 졸업한 청년들에게 보다 체계적인 군사훈련이 필요했다. 이를 위해 백서농장白西農庄·마록구농장·길남장과 같은 병영을 세웠다.

이광민은 이 전 과정을 이끌었던 백부 이상룡 곁에서 민족의식을 키워나가며, 신흥강습소에 입학하여 민족의 동량棟梁으로 성장하였다. 신흥학교를 졸업한 뒤, 1916년 부민단의 본부가 있는 통화현 삼도구에 있는 동화학교東華學校의 교사로 일하면서 학생들에게 민족의식을 불어넣었다. 학생에서 교사가 된 것이다.

1919년 3·1운동이 일어나고 대한민국 임시정부가 수립되자, 서간도 지역에서도 이에 호응하여 1919년 4월 한족회를 설립하여 독립운동 단체를 규합하였다. 이후 한족회는 군정부를 따로 두었으나, 대한민국 임시정부가 설립되자 1919년 11월 서로군정서로 개칭한 후 대한민국 임시정부의 산하기관으로 활동하였다. 이광민은 서로군정서의 최고 지도자인 독판 이상룡을 보좌하며 독립운동 자금마련, 무기구입, 무장 독립군의 국내 진입작전 등의 활동을 펼쳤으며, 청산리 대첩을 거두는데도 일익을 담당하였다.

그러나 청산리에서 크게 패한 일제는 그에 대한 보복으로 간도참변을 자행하여, 한인사회와 독립군기지를 초토화하였다. 이후 서간도 독립운동 단체는 효율적인 항일무장투쟁을 위하여 독립군 세력의 통합을 위해 노력하였고, 마침내 1922년 남만주지역 통합세력인 대한통의부가 성립되었다. 그러나 성립 후 얼마 지나지 않아 분열되기 시작했고, 1924년 중반 이후 또 다시 남만주 지역 독립운동세력의 통합운동이 전개되었다. 이 시기부터 이광민은 만주지역 독립운동계의 전면에 나서기 시작하였다.

이광민은 1924년 무렵부터 백부 이상룡의 곁을 떠나 독립운동계의 전면에 나서기 시작했다. 16세에 만주로 망명하여 14년 동안 꼬박 이상룡을 보필하며 독립운동의 현장에 함께 했던 이광민은 이제 30세의 어엿한 독립운동가가 되어 있었다.

이광민이 독립운동계 지도층으로 맨 처음 이름을 올린 단체는 한족노동당이었다. 1924년 8월 한족노동당의 발기대회가 반석현磐石縣에서 열렸다. 이광민은 안동 오미마을 출신 김응섭金應燮과 함께 이 발기대회를 이끌었다. 한족노동당은 그해 11월 4일 반석현 부태하富太河에서 창립총회를 열었다. 창립 당시 발기인 495명과 신입당원 323명 등 모두 818명의 당원이 가입되어 있었는데, 창립총회에는 그 가운데 34명이 참여하였다.

이때 한족노동당 조직은 중앙기관으로 중앙의사위원회와 당무집행위원회를 두었다. 중앙의사위원회는 17인의 중앙의사위원으로 구성된 의결기관이었고, 당무집행위원회는 서무 · 이재 · 장학 · 산업 · 선전부 등 5개 부로 구성된 집행기관이었다. 그리고 각 지방에 거주하는 당원을 기반으로 지방기관을 조직하였다. 여기에서 김응섭이 중앙의사위원회 위원장에, 이광민은 선전부 위원에 선임되었다.

이광민이 반석에서 한족노동당의 지도자로 자리매김 하고 있을 때, 1924년 11월 24일 민족주의 계열의 단체인 정의부가 탄생하였다. 대한통의부가 와해되면서 1924년 7월부터 시작된 만주지역 통합운동에는 최종적으로 대한통의부를 비롯해 서로군정서 · 광정단光正團 · 의성단義成團 · 길림주민회吉林住民會 · 고본계固本稧 · 노동친목회勞動親睦會 · 잡륜자치회卡倫自治會 등 8개 단체가 통합에 합의해, 그 해 11월 24일 정의부正義府를 탄생시켰다. 참의부 · 신민부 등과 함께 3부 시대가 열린 것이다.

정의부는 하얼빈 이남 남만주의 광활한 지역 곳곳에 형성된 한인사회의 자치를 지원하는 한편, 의용대를 편성해 무장투쟁을 실천한 군정부軍政府였다. 성립 초기의 조직은 중앙행정위원회 · 민사위원회 · 군사위원회 · 법무위원회 · 학무위원회 · 재무위원회 · 교통위원회 · 생계위원회 · 외무위원회 등의 행정기관과, 사법적 기능을 가진 중앙심판원, 입법기관인 중앙의회 등으로 구성되었다.

그리고 무장투쟁을 수행할 사령부도 따로 두었다. 여기에서 이광민은 민사위원회 소속 민사부의 서무과 주임위원이 되었다.

그가 맡은 서무과는 입법기관인 중앙의회 의원을 선거하는 업무와 지방자치를 시행해 이를 운영하는 업무를 주관하였다. 또한 관할지역 안의 한인들을 조사해 호적을 작성하고, 그를 토대로 독립군 요원을 징병하는 일과 더불어 지방행정 조직망을 갖추어 한인들이 안전한 삶을 영위할 수 있도록 지원하는 업무까지 주관하였다. 민사부 서무과의 이 같은 업무는 동포사회 구성원들 하나하나를 정확히 파악하지 못하면 해내기 어려운 일이었다. 이를 이광민이 맡았던 것이다.

그런데 1925년 5월 대한민국 임시정부의 법무총장인 오영선과 내무총장인 이유필이 만주에 파견되었다. 이들은 당시 어려움을 겪고 있던 임정의 어려운 처지를 풀어나갈 최고책임자를 정의부에서 추천해주기를 청하였다. 이에 정의부 간부들은 이상룡을 추천하였고, 고심 끝에 이를 수락한 이상룡은 조카 이광민을 대동하고 1925년 8월 하순 상해로 출발했다. 9월부터 이광민은 대한민국 임시정부 초대 국무령으로 선출된 이상룡을 도와 임시정부 조직 정비를 위해 상해에서 활동을 이어갔다.

그러나 임시정부의 내부분란은 생각보다 심각했다. 여기에다 이상룡이 임정의 내각을 구성하면서 정의부를 비롯한 신민부 · 참의부 등에 소속된 지도자들을 대거 포함시켰으나, 당사자들은 상해로 오지 않았다. 이 같은 분란 속에서 임정을 이끌고 효율적인 독립운동을 전개하기 힘들다고 판단한 이상룡은 끝내 조카 이광민을 데리고 1926년 2월 남만주 반석현 호란하로 돌아오고 말았다.

상해에서 돌아온 이광민은 1926년 11월 제3회 정의부 중앙의회에서 재무위원장에 선출되었다. 이 직책은 살림은 물론 항일활동을 위한 무력을 갖추는 일까지 총괄하는 자리였다. 거기에 정의부는 이주 한인사회의 자치까지 관할해야하는 단체였기에, 다른 어느 직책보다 신망과 능력이 필요했다. 이 같이 막중한 직책을 맡은 이광민은 자신의 모든 역량을 집중해 재무위원장의 업무를 수행하였다. 한편 이해 가을 결성된 조선공산당 남만총국 조직부 간부에 선출되기도 했다.

1920년대 초의 독립운동을 계승한 남만주와 북만주의 민족운동단체들은 1925년 이후 적극적으로 '민족유일당운동'을 추진하였다. 이는 독립운동을 이끌어갈 하나의 통일된 지도정당을 세움으로써 독립운동의 효율을 높이고, 한인들의 생활을 안정시키는데 목적을 두었다. 특히 1925년 6월 조선총독부와 중국 봉천성 사이에 맺어진 '미쓰야 협정' 때문에 중국 동부 군벌정권은 독립운동세력과 재만 한인에 대해 탄압 강도를 높여갔다. 이에 대응하기 위해서도 동포사회를 하나로 통일한 지도단체가 필요하였다.

이에 남만주의 정의부는 1927년 초 회의를 열어 만주지역의 민족유일당 결성을 결의하고, 이를 성사시키기 위해 여러 지역에 대표를 파견하였다. 그에 따라 1927년 4월 15일부터 길림 남쪽 영길현永吉縣 신안둔新安屯에서 좌우합작 추진을 위한 유일당촉성회의가 열렸는데, 이때 정의부 중앙위원인 이광민은 김동삼·오동진吳東振·김원식 등과 함께 참석하였다. 52명의 독립운동계 대표들이 참여해 4일간에 걸쳐 개최된 이 회의를 시작으로 이후 유일당운동은 고조되기 시작하였다. 이 첫 회의에서 대표들은 민족유일당을 성립시키기 위한 강령과 서약문을 작성하였다. 그리고 유일당운동을 본격적으로 추진하기 위한 세부지침 연구기관인 시사연구회를 조직하였다.

이후 만주지역에서는 유일당운동이 더욱 활발히 전개되었다. 이광민도 다른 독립운동 지도자들과 함께 여기에 힘을 모았다. 그러나 이 운동은 상당한 진통을 겪어야 했다. 정의부·참의부·신민부 3부를 비롯한 만주의 여러 군소단체는 서로 다른 이념과 노선을 가졌기에 이를 하나로 통합하는 것은 쉽지 않았다. 1년이 넘게 각 단체의 대표자들이 노력했지만 하나가 되지 못하고, 전민족유일당촉성회와 전민족유일당협의회 두 파로 나뉘고 말았다. 촉성회 쪽은 지금까지 속해있

민족유일당조직촉성회 회의지 길림성 반석시 호란진 현재모습

던 단체를 떠나서 구성원 하나하나가 개인 자격으로 유일당에 가담하자고 주장
했고, 협의회는 현재의 단체를 그대로 두고 단체와 단체가 통합하자고 주장했다.
양쪽 진영은 상당기간 유일당을 성립시키기 위해 노력하였지만, 끝내는 의견을
일치시키지 못하였다.

　이광민이 이끌던 정의부의 대부분은 협의회를 지지하였다. 그러나 이광민은
정의부의 논리가 옳지 않다고 판단하고, 1928년 5월 흑룡강성에 본부를 둔 전민
족유일당촉성회파全民族唯一黨促成會派인 여족공의회麗族公議會의 대표가 되어
촉성회를 지지하였다. 이후 촉성회는 북만주를 근거지로 해 한국독립당과 한국
독립군을, 협의회는 남만주를 근거지로 해 조선혁명당과 조선혁명군을 성립시

커 1930년대 만주지역 항일무장투쟁을 이어갔다.

한편 한족노동당 중앙집행위원이자 조선공산당 남만총국 간부였던 이광민은 휴간 중이었던 기관지 『농보農報』를 1927년 5월 1일부터 다시 발행하였다. 이는 조선공산당의 방침에 따른 것이다. 그해 9월에는 조선공산청년회 남만 제1구에서 선전부 간부에 임명되었다. 이러한 사회주의 운동과 더불어 반제국주의 운동으로 1930년 3월 전만한인반제국주의대동맹창립주비회全滿韓人反帝國主義大同盟創立籌備會 결성에 참여하여, 김동삼과 함께 집행위원으로 활동하였다.

유일당운동, 사회주의 운동을 이어가던 이광민은 백부 이상룡의 병고가 위독하다는 소식을 듣고 이상룡이 머물고 있는 길림성 서란현으로 가서 백부의 마지막을 함께 했다. 이 때가 1932년 5월 12일이었다. 이상룡의 서거 이후 일가一家 대부분이 국내로 돌아왔으나, 그는 끝까지 만주에서 함께 독립운동을 전개한 동지들을 지도하며 독립운동에 매진했다. 한평생을 만주지역 독립운동 단체의 통합과 항일투쟁에 노력한 이광민은 광복 소식을 들었으나, 척박한 만주에서 얻은 병고에 시달리다가 광복 두 달 만인 1945년 10월 18일 운명하고 말았다.

이병화와 허은

이병화李炳華(1906~1952)는 부친 이준형과 어머니 이중숙의 아들로 태어났다. 자는 경천敬天, 호는 소파小坡이다. 다른 이름으로 이대용李大用·이계오李桂五가 있다. 1911년 할아버지 이상룡·아버지 이준형 등 가족이 만주로 망명하자, 다섯 살 어린나이에 함께 망명하였다.

1921년 신흥무관학교에 다니며 재만 농민운동에 투신하여, 이광국李光國·김산金山 등과 함께 남만청년총동맹南滿靑年總同盟에서 활동하였다. 이어 1922년 조직된 대한통의부大韓統義府에 가담하여, 통의부위원으로 활동하였다.

1927년 5월에는 길림성 반석현磐石縣에 기반을 둔 한족노동당韓族勞動黨에 가입하여 사무집행위원으로 활동하였다. 1927 년 9월에는 고려공산청년회 만주총국 남만 제1구 도간부로 선출되어 활동하다가, 그 해 12월에 열린 남만청년총동맹 대회에서 선전부 상무로 선출되었다. 이후 그는 1928년 봄 반석현에서 결성된 고려공산청년회 남만 1구 선전부 간부로 활동하였고, 1928년 5월에 결성된 재중국한인청년동맹에 가입하여 활동하였다. 또한 1930년에는 중공당中共黨 이립삼노선李立三路線에 따라 요동지역의 농민 봉기를 주도하기도 하였다.

이병화

그의 부인 허은許銀(1909~1997)은 시집오던 날부터 항일투사들의 그림자가 되어 온갖 일을 감당했다. 거의 매일 이루어지는 군정서 회의로 손님은 끊이지 않았다. 이들은 밖에서 끼니를 해결할 때도 있었지만, 주로 집에서 식사대접을 해야 했다. 시조부 이상룡이 서로군정서 독판督辦이라 매달 서 말의 쌀이 지급되긴 했지만, 그것만으로는 늘 부족했다. 쌀이 떨어지면 중국인에게 밀을 사서 국수를 만들곤 하였는데, 그것도 간단한 작업은 아니었다. 땡볕에서 맷돌을 돌려 가루를 내고, 반죽을 해서 직접 국수를 뽑아야 했다. 그나마도 고명거리가 없어 간장과 파만 넣어 드렸다.

당시 석주 어른께서 군정서 독판督辦할 때라 가족 수당으로 매달 쌀 서 말씩 나오기는 했으나 늘 부족하였다. …중략… 방은 모두 네 개인데 고모네가 두 개 사용하였다. 고모네에 우리가 얹혀살면서 방 한 칸은 우리가 거처하고, 또 한 칸은 군정서 회의하는 방으로 썼다. 같이 기거하다 보니 자연 신세를 많이 지게 되었다. …중략… 매일같이 회의를 했다. 3월 초, 이 집으로 이사 오고부터 시작한 서로군정서 회의가 섣달까지 계속되었다. 서로군정서는 서간도 땅에서 독립정부 역할을 하던 군정부가 나중에 임시정부 쪽과 합치면서 개편된 조직이다. 곳곳에 여러 단체가 있어서 정의부·통의부·자신계·군정서 등으로 나뉘어 활약했다. 통신원들이 보따리를 싸 짊어지고 춥고 덥고 간에 밤낮으로 우리 집을 거쳐 다녔다. 만주일대의 정객들도 전부 내왕했다. 그 정객들 조석은 집에서 해 드릴 때가 많았고, 가끔 나가서 드실 때도 있었다. 방이 비좁아 정객으로 오신 손님들은 10리 상거, 5리 상거에 숙소를 정해두고 출퇴근하였다. 이진산씨도 이 때 우리 집에 와 있었고, 김형식씨·성준용씨도 와 있었다.

문중에서는 아쉬운 대로 돈 500원을 마련해 주었다. …중략… 그 돈 오백원은 신흥무관하고 운영비에는 조금 밖에 못 보태고 대부분 생활비로 썼다. 일부의 친지의 사기로 중간에 좀 유실되었다고 한다. 조직원들이 워낙 많기 때문에 그들을 먹여 살리는 일만 해도 큰돈이 들었다. 또 해 먹이는 일 그 자체가 큰 역사役事였다. 작은 국가 하나 경영하는 것이나 다름없었다. 내가 처음 시집가서 보니 백로지 뭉치가 방 안에 가득히 쌓여 있었다. 사랑에는 등사판을 차려놓고 계속 인쇄하여 전 만주와 중국, 또 한국으로 보내고 있었다. 그러니 날만 새면 숨 쉬는 것부터가 돈이었다. 군자금, 독립자금 만드는 일이 가장 급선무일 수밖에 없었다.
　　　　　　　　　- 『아직도 내귀엔 서간도 바람소리가』(개정판) 중에서

　이처럼 드나드는 군정서 요원과 독립운동가들의 땟거리 준비는 결코 녹록치 않았다. 한번은 감기에 걸린 채로 무리를 했다가, 부뚜막에서 죽 솥으로 쓰러지기도 했다. 이 때 겨우 열일곱 살이었다. 특히 1920년대 전반기 허은의 집은 독립운동 본부와 다름없었기에, 허은에게 개인의 삶이란 없었다. "조직원이 워낙 많아 그들을 먹여 살리는 일만 해도 큰돈이 들었다. 또 해 먹이는 일 그 자체가 큰 역사役事였다. 작은 국가 하나 경영하는 것이나 다름없었다."는 허은의 회고가 결코 허언虛言이 아님을 쉽게 짐작할 수 있다.
　서로군정서에서는 의복을 공동으로 제작하였다. 일본의 감시를 피하기 위해

중국식 검정 두루마기를 만들어, 조직원에게 나누어 주었다. 여성들은 흑광목과 솜뭉치를 산더미처럼 쌓아 놓고, 함께 옷을 만들었다. 허은 또한 이 일을 숱하게 하였다. 옷 한 벌을 받으면 다 닳아서 떨어질 때까지 입어야 하는 지사志士들을 생각하며, 여성들은 정성을 다하지 않을 수 없었다.

서로군정서에서는 의복도 모두 단체로 만들어서 군정서 조직원들에게 배급해 주었다. 부녀자들이 동원되어 흑광목과 솜뭉치를 산더미처럼 사서 대량으로 생산했다. 일본의 감시를 피하기 위해 중국식 검정 두루마기를 만들어 입도록 했다. 이 두루마기 한 벌을 받으면 다 해지도록 입곤 했다.

이병화 부인 허은 여사 『아직도 내귀엔 서간도 바람소리가』

허은은 어려운 여건 속에서도 묵묵히 자신의 역할에 최선을 다했다. 김동삼 ·
류림 · 성준용 · 신숙 · 양세봉 · 이범석 · 이진산 · 지청천 · 황학수 등 이름만 들
어도 알만한 독립운동가들이 수없이 왕래하였고, 이들을 보필하는 일을 당연한
일로 여겼다. 김동삼 · 김형식 등에게 손수 옷을 지어 드릴 수 있었던 것을 오히
려 감사하게 여겼다.

1920년대 중반 이후에도 허은은 반석현磐石縣 하마허자蛤螞屯, 호란집창자 등
을 거쳐 서란현 소과전자촌燒鍋村으로 수없이 옮겨 다니며, 가족은 물론 만주지
역 항일지사들의 그림자가 되어 온갖 고난을 견뎌냈다. "개간에는 이력이 났다."
고 할 정도로 농사일은 가장 큰 일이었다. 시조부모님은 모두 연로하고, 집안에
남자가 없으니 모든 일을 감당해야 했다. 농사가 흉년일 때는 중국 사람이 경영
하는 피복공장에서 단추 구멍 만드는 일감을 가져와 부업을 해서 그 돈으로 음식
을 마련하기도 했다. 땔감 마련도 당연히 허은의 몫이었다. 남편 이병화는 신흥
무관학교에 다니느라 얼굴 보기 어려웠고, 방학 때도 잠깐 다녀갈 뿐이었다. 아
이 낳고 한 달쯤 되자 잠시 들리더니, 그 뒤 6년 만에 나타났다가, 다시 3일 만에
사라졌다. 집안일 하느라 바깥으로 나갈 수 없었고, 아이를 낳으니 아이 돌보는
일까지 보태졌다.[1]

---

1   이상 6장은 경상북도독립운동기념관, 『경북독립운동가 100인 열전』, 2017; 강윤정, 『만주로 간 경북
    여성들』, 한국국학진흥원, 2018; 참조.

07

이상룡:
임시정부
국무령이 되다

이상룡: 대한민국 임시정부 국무령이 되다

1919년 3 · 1운동은 임시정부 수립으로 이어졌다. 만주에서도 부민단을 한족회로 확대 개편하였다. 한족회는 해룡 · 통화 · 홍경 · 임강 · 집안 · 환인 등 서간도 지역에 넓게 퍼져있던 자신계 · 교육회 등 기존 조직이 연합한 것이다. 부민단을 한족회로 확대 개편한 서간도 독립운동 지도자들은 그 산하에 군정부를 설치하였다. 군정부는 독립전쟁을 수행하기 위한 자치적인 군정부 즉 군사정부로 조직화되었던 것이다.

그런데 1919년 4월 상해에서 수립된 대한민국 임시정부에서는 군사적 기반을 갖추기 위해 서간도 독립군의 무장 조직과의 연대를 제안하였다. 이에 대해 이상룡은 군정부를 임시정부 산하의 군사단체로 편제할 것을 수락하고, 군정부를 서로군정서로 개편하면서 독판督辦이 되었다. 이로써 이상룡은 대한제국에서 민주공화국으로서의 대한민국 건설에 동참하면서 독립전쟁을 위한 독립군의 군사지도자로서 임정에 참여하였던 것이다.

그러나 임시정부는 독립운동 방법과 이념의 차이 등으로 분열되어 통일적 지도력을 잃게 되었다. 이에 무장 독립운동에 기초를 둔 새로운 통일적 독립운동의 전개를 위해 1921년 북경에서 군사통일회의가 개최되었고, 1923년 상해에서 국민대표회의가 개최되었다. 북경에서 군사통일회의가 개최되자, 이상룡은 직접 북경으로 가서 회의에 참여하였으며, 국민대표회의에는 서로군정서 대표로 김동삼 등을 참석시키고 뒤에서 지도하였다.

이상룡은 무장투쟁 노선의 강화와 독립운동 진영의 통일이라는 목표에는 군사통일회의와 국민대표회의 주도자들과 뜻을 같이 하였다. 즉 이상룡은 무장투쟁방략을 우선순위에 둘 것을 주장하였다. 그러나 국민대표회의에서 창조파 쪽이 임시정부를 부인하고, 새로운 정부를 수립하려고 하자, 이에 대해서는 반대하였다. 창조파와 임시정부 사이에서 '개조' 쪽에서 양자를 보합하려는 노력을 꾸준히 전개하였다. 이상룡은 서로군정서가 개조파와 창조파의 대립에 개입하지

1929년 이상룡이 머물던 하마허자 현재 길림성 반석시 명성진 합마둔, 경상북도독립운동기념관

말고 중립적 태도를 취할 것을 당부하였다. 그러나 그의 뜻이 관철되지 않자, 독판 직을 사임하였다. 대한민국 임시정부가 독립전쟁을 수행하면서 전시 독립외교를 펼치는 것이 그가 바라는 노선이었다.

　1925년 대한민국 임시정부는 대통령 이승만을 탄핵한 뒤, 헌법을 대통령제에서 국무령제로 고쳤다. 임시정부는 새로운 통합 발전을 이끌기 위한 초대 국무령에 이상룡을 추대하였다. 이상룡이 국무령으로 추대된 것은 영남 출신의 서간도 지역 무장 독립운동 지도자로서 서북파와 기호파의 대립에 중립적이었으며, 민족주의자로서 사회주의를 비판적으로 수용하는 개방적 태도를 취하고 있어서 신진 청년들과 소통하는 원로였기 때문이다.

이상룡의 사회주의 인식은 그의 저술 「광의廣義」에서 읽을 수 있다. 이는 1920년대 중반에 저술된 것으로 보이는데, 유학적인 관점에서 사회주의를 해석한 글이다. 이상룡은 이미 1921년 북경을 돌아보고 쓴 「연계여유일기燕薊旅遊日記」에서 소련의 사회주의가 갖는 노동자 중심의 평등사상에 대해 호감을 표시한 바 있다. 만주로 망명한지 10년만인 1921년 무렵 그가 이미 사회주의를 접했음을 알 수 있는 대목이다. 그런데 「광의」에서는 한걸음 더 나아가 소련의 사회주의 혁명을 플라톤의 공산설과 마르크스의 사회사상이 발전된 것으로 보고, 이것을 약소민족의 복음이라고까지 하였다. 이상룡은 공자의 대동사상이 바로 사회주의의 평등사상과 상통한다고 보았다. 말하자면 사회주의적 평등사회의 실현을 유교적 대동사회의 실현으로 평가했던 것이다.

이상룡은 인류사회의 경쟁이 초래한 불평등을 없애고 모든 인류가 행복을 추구하는 방향으로 나아가야 한다는 비전을 가지고 루소와 공자의 관점을 소개하였다. 이상룡은 인류역사의 전개과정을 통치자의 성격과 형태에 따라 다군多君·일군一君·민주民主라는 3세世로 나누면서, 추장시대 → 봉건시대 → 군주전제시대 → 입헌군주시대 → 총통시대 → 무無총통시대로 나아간다고 보았다. 총통시대는 민주공화제, 무총통시대는 사회주의 국가체제를 가리키는 것이다. 그는 사회주의가 추구하는 사회가 천하위공의 시대 즉 '대동세大同世'이며, 공자가 이미 수 천년 전에 그러한 전망을 내놓았다는 사실을 강조하였다. 또한 이상룡은 사회주의가 가족과 국가의 해체나 자유연애를 주장한다고 비판하기도 했다. 그의 대동주의적 평등사회는 가족공동체 원리의 세계적 확대를 뜻하는 것이었다. 이는 유교의 도덕적 가치관을 유지하면서 사회주의를 수용하는 모습이다. 즉 그의 대동주의적 평등사회는 가족공동체의 세계적 확대를 뜻하는 것이었다.

중국 상해 대한민국 임시정부 청사 독립기념관 제공

이러한 탄력성과 더불어 독립운동 과정에서 민족적 대의를 지키면서 항상 통합과 조정에 앞장섰던 측면도 그의 국무령 취임에 영향을 끼친 것으로 보인다. 이런 이유로 그는 독립운동 진영의 통일을 이끌 수 있는 지도자로 평가되었던 것이다. 그러나 이상룡의 노력에도 불구하고 대한민국 임시정부 중심의 독립운동 통일은 소기의 성과를 거두지 못하였다. 이에 1926년 국무령을 사임하고 상해에서 서간도로 다시 돌아왔다.

만주로 돌아온 이상룡은 한 순간도 희망의 끈을 놓지 않고 동포들을 격려하며, 나라 찾는 일에 매달렸다. 그리고 1932년 5월, 지금의 길림성 길림시 서란현 이도향 소과전자촌에서 그 무거운 짐을 내려놓았다. 만주망명 21년의 긴 여정이었다. 1932년 이상룡의 유해는 소과전자 마을 뒷산에 임시 매장되었다. 5년 뒤 이상룡의 조카 이광국과 이광민이 다시 이곳을 찾았다. 그의 유해를 옮기기 위해서였다. 이들은 이불 보따리에 유해를 싸서, 흑룡강성 취원창으로 향했다. 취원창은 1920년대 이후 만주에 남은 이상룡의 조카들과 경북인들이 개척한 농장이 있던 곳이다. "광복이 되기 전까지 유해를 조국으로 가져가지 말라"는 유언을 남겼던 이상룡은 1990년 그토록 그리던 광복된 고국으로 돌아왔다. 그리고 지금은 서울국립현충원 임시정부요인 묘역에 안장되어 있다.[1]

1   이상 7장은 강윤정, 『독립운동가와 함께 걷는 사적지』, 경상북도독립운동기념관, 2019; 김기승, 「해제」, 『국역 석주유고』, 2008; 김기승, 「혁신 유림 이상룡의 독립운동과 사상」, 『21세기 인문가치포럼 자료집』, 2017; 김희곤, 「석주 이상룡의 독립운동과 사상」, 『민족 위해 살다간 안동의 근대인물』, 안동청년유도회, 2003 참조.

08

그들이
남긴 유산

만주망명 기록: 『석주유고』와 허은의 회고록

　3세대에 걸친 만주에서의 항일투쟁은 내용 면에서는 물론 지속성에 있어서도 중요한 의미를 지닌다. 이를 알려주는 임청각의 대표적인 기록이 『석주유고』와 허은의 회고록 『아직도 내귀엔 서간도 바람소리가』이다. 이상룡의 아들 이준형의 행적에서 간과할 수 없는 부분이 항일투쟁과 관련된 기록정리 작업이다. 귀국 후 어려운 상황에서도 수년에 걸쳐 추진한 『석주유고』 정리 작업은 자칫 묻혀버릴 수도 있었던 독립운동사를 복원하는 데 기여하였다. 『석주유고』는 만주 항일투쟁의 미시적 부분을 읽어낼 수 있는 의미있는 유산이다. 이 기록 속에는 다양한 내용이 담겨있지만, 다음 몇 가지를 소개하고자 한다.

　『석주유고』에 수록된 「만주기사滿洲紀事」는 이상룡이 자신의 만주에서의 활동을 돌아보고 16수로 읊은 시이다. 여기에서 이상룡은 1911년 망명 이후 경학사와 신흥강습소 설치, 만주에서의 농업경영, 부민단의 설립, 자신계 조직, 1918년 생계회 조직, 1919년 3·1운동과 1920년의 경신참변, 1921년의 북경군사통일회, 1923년의 국민대표회, 그리고 서로군정서의 회의 개최 등을 열거한 후 독판직 사임 후 "강호에서 낚시나 하겠다."는 뜻을 술회했다. 지난 25년간 자신의 독립운동을 한 편의 시로 압축한 「만주기사」는 독립운동가의 자전적 시라고 할 수 있다.[1] 마지막 부분의 내용이 1923년의 일인 것으로 보아 1923년 작성된 것으로 추정된다.

　「만주기사」에는 "1911년 여름, 경학사를 결성하고 신흥강습소를 열어 군사·학술 과목으로 청년들을 교련하였다."는 기록과 함께 신흥학교에 모든 정신을 쏟아부었다는 표현이 있다. 또한 경학사 해체 후 분치分置를 결정하였으나, 여기에 의견을 달리하는 사람들이 있었으며, 이후 1916년 다시 통합자치를 위해 부민단을 설립하였다는 기록이 보인다. 이는 경학사가 해체되면서, 새로운 모색을

1　김기승, 「해제」, 『국역 석주유고』, 안동독립운동기념관, 2008, 5~6쪽.

위한 분치의 시기를 두었음을 알려주는 중요한 자료이다. 이러한 분치 시기의 만주의 상황을 알려주는 자료가 「답허성산혁答許性山㷊」이다.

> 제가 보건대 이러한 징조는 아직 없고, 혹 소소한 결합으로 각자의 사업을 하고 있는 단체가 있는데, 예를 들면 교육계의 여러 곳 소학당이나 자치제의 공리회共理會・공제회共濟會, 실업계의 자신계自新稧・농림계農林稧 등이 있습니다. 그러나 이것들은 한 그물 안의 그물눈에 불과하여 목적이 다르지 않은데 어떻게 갑자기 분열되었다고 말씀하시는지요? 대저 이 땅에 이주해 온 우리 겨레붙이들이 매우 복잡 다양하여 종교나 습속, 성질이나 정도가 모두 균일하지 못한데, 그 균일하지 못함으로 말미암아 의심의 싹이 싹트는 것입니다.

「경고남만주교거동포문敬告南滿洲僑居同胞文」은 경학사가 해체되고 분치의 결정 등 어려운 상황 속에 있던 1913년 이상룡이 작성한 것이다. 봉천성奉天省에 거주하는 동포들이 28만 6천여 명이라는 기사를 보고, 그냥 있을 수 없었기 때문이다. 그는 동포들을 위해 붓을 들어, 산업과 교육, 그리고 권리의 중요성을 역설하였다.

1919년 무렵 신흥무관학교에 대한 상황을 알려주는 자료로는 「여신흥강습소與新興講習所」, 「정유하현지사문呈柳河縣知事文」 등이 있다. 「여신흥강습소」는 1919년 광무황제의 국상을 맞이하여 신흥학교가 결정한 성복례成服禮와 이에 대한 이상룡의 의견이 개진되어 있다. 「정유하현지사문」에는 중국 당국의 조사를 받는 등 학교 인허가와 관련하여 어려움을 겪고 있는 모습이 확인된다.

「답안도산창호答安島山昌浩」는 1919년 7월 도산 안창호가 보낸 서신에 답한 것으로 1920년 1월 작성된 것이다. 여기에는 1920년대 초반까지 신흥무관학교에서 양성한 생도 수와 관련된 정보가 담겨있다. 더불어 독립전쟁의 호기를 맞이하여 무기를 마련할 재정의 뒷받침이 없음을 안타까워 하는 모습이 담겨있는 자료이다.[2]

『석주유고』가 만주지역 항일투쟁사를 담고 있는 소중한 유산이라면 허은의 회고록 『아직도 내귀엔 서간도 바람소리가』는 제국주의 저항자로 살아가는 만주 망명 공동체의 삶과 역할을 보여주고 있다. 이 기록 속에는 다양한 내용이 담겨있지만, 다음 몇 가지 측면에서 주목할 만하다.

첫째, 여성들은 동포들의 생활 안정과 동포사회 확장에 기여하였다. 망명 초기 한인사회는 '독립운동기지 개척을 위한 안정적 삶의 터전 마련'이라는 큰 과제를 앞에 두고 있었다. 그 과제 중에서 무엇보다도 중요한 것은 생존의 근간이 될 산업의 마련, 즉 안정적 농업경영이었다. 중국인의 소작농으로 살아가야 하는 한인들에게 있어 중국인과 차별화된 논농사의 성공은 생존을 담보할 중요한 작업이었다. 그 때문에 만주에서는 '신풀이'라 불린 황무지와 습지를 개간하여 수전水田을 만드는 작업이 이루어졌다. 수전을 만드는데 남성뿐만 아니라 여성의 노동력 또한 매우 요긴했다. 특히 독립운동가 집안의 여성일수록 그 힘겨운 '신풀이'의 주체로 활약하였음을 알 수 있다. 여성들의 이러한 노력은 만주 한인사회의 경제적 안정에 크게 기여하였을 뿐만 아니라, 한인사회를 확장시키는데도 크게 기여하였다. 또한 여성들은 새로운 이주자들이 만주에서 안정적으로 정착하는 과정에도 중요한 역할을 담당하였다. 남성들이 만주 이민자들을 조직적으로 배당하고 관리하는 일을 담당했다면, 여성들은 실제 먹여주고 보살피는 일을 수행했음을 알 수 있다. 이처럼 여성들은 한인사회의 경제적 안정과 사회적 안정, 나아가 한인사회 확산에도 기여하였다.

둘째, 자치단체 유지에도 여성들은 중요한 부분을 담당하였다. 자치단체는 밖으로는 중국과의 관계에서 권리를 확보할 수 있는 중요한 기구이자, 안으로는 동포들의 힘을 집결시켜 독립운동기지 역할을 수행하는 중요한 공동체였다. 이러한 공동체를 운영하는데 남성들이 큰 틀을 만들고 운영해 가는 역할을 했다면, 여성들은 실제 생활에서 이를 지탱하는 밑바탕이 되었다. 여기에 부인회의 역할

---

2   이상 8장은 강윤정, 「안동인의 신흥무관학교 관련 자료 소개 및 해제」, 『석주 이상룡과 신흥무관학교』, 국무령이상룡기념사업회, 2022 참조.

이 컸던 것으로 짐작되며, 이를 이끌었던 여성으로 허은은 양기탁의 부인을 언급하였다. 여성들은 국치일과 개천절(10월 3일) 기념행사에도 적극적으로 힘을 모았다. 이는 공동체의 민족의식 함양에도 기여했음을 알 수 있다. 또한 자치단체 조직과 관련하여 여성도 적극적인 의견을 내놓는 모습이 확인된다. 이 글을 통해 알 수 있는 것은 여성들도 단체 설립의 논의 과정에 함께 했다는 것이다. 남녀의 공간이 엄연히 분리되었던 망명 전과는 달리, 망명지 만주는 주거 공간이 협소했다. 이는 오히려 온 가족이 함께 고민하고 의견을 함께 교환할 수 있는 순기능으로 작용하였다. 시아주버니 허혁의 질문에 제수였던 허위의 부인 신씨가 '부민단'이라는 이름을 언급했다는 것은 자치단체의 성격과 기능을 인지하고 있었다고 보아도 무리가 아닐 것이다. 이는 만주 항일투쟁사에서 여성의 위치를 들여다볼 수 있는 한 사례로서 중요한 의미를 갖는다.

셋째, 민족의 동량을 양성하는데도 기여하였다. 초창기 망명 길에 올랐던 여아들은 학교 교육에는 배제되어 있었다. 학교에서의 수학은 주로 남성들의 몫이었다. 이와 관련하여 허은은 "아재들은 학교에 다녔는데 나는 여자라고 학교에 안 넣어 주었다. 어른들께서는 아재들을 하굣길에 만나면, 이제 학교 갔다 오냐고 반가이 인사하면서도, 나는 학교라는 말만 꺼내도 야단을 치셨다."고 회고하였다. 여성들의 교육은 주로 집안에서 이루어졌다. 이는 독립운동가들이 독립전쟁을 위한 무관 교육을 지향했던 측면도 있지만, 전통사회의 교육관이 그대로 남아 있었던 것도 하나의 큰 원인으로 작용하였다. 그러나 한편으로 여성들 스스로 글을 깨우치는 데 미온적이었다. 자치회가 주관하는 야학에 여성들을 참여시키는 것이 쉽지 않았다는 기록이 이를 뒷받침한다. 그렇다고 여성들이 민족 동량을 양성하는데 기여한 부분이 없었던 것은 아니다. 1910년대 만주 항일투쟁사에서 여성들이 수학과 교수의 주체로 활동한 측면은 약했지만, 학생들을 돌보는 역할을 충실히 해냈다. "집이 멀거나 다른 지방에서 온 학생들은 애국지사들이 각각 나누어 맡아 하숙하였다."는 기록에서 알 수 있듯이, 이들의 생활을 돌보는 일은 여성들의 몫이었다.

넷째, 독립전쟁에 기여한 부분이 크다는 점이다. 이와 관련하여 허은의 구술은 당시 여성들의 활동을 추적하는 데 크게 도움이 된다. 실제 여성들은 서로군정서 대원들의 의·식 문제 해결에 큰 역할을 담당했다. 여성들은 광목과 솜뭉치를 산더미처럼 쌓아놓고 대량으로 대원들의 옷을 생산했다. 또한 서로 왕래하는 독립운동가를 먹이는 일도 간단한 일은 아니었다. "조직원들을 해 먹이는 자체가 큰 역사였으며, 작은 국가 하나 경영하는 거나 다름이 없었다."고 한 허은의 회고는 만주 항일투쟁사에서 여성들의 역할을 암시한 중요한 대목이다. 실제로 허은은 회의 때마다 늘 부족한 땟거리를 장만하느라 고충이 컸다. 농사가 흉년일 때는 중국 사람이 경영하는 피복공장에서 단춧구멍 만드는 일감을 가져와 부업을 해서 그 돈으로 음식을 마련하기도 했다. 이러한 측면에서 여성들은 독립전쟁을 준비하고 수행하는 과정에 후방 보급기지 역할을 해냈다고 할 수 있다.

다섯째, 독립운동 후속 세대를 길러, 투쟁을 지속하게 했다는 점이다. 1910년대 전반기 경북인의 망명길에는 나이 어린 소녀 · 소년들이 있었다. 이상룡의 손녀 이후석(11세)과 손자 이병화(5세), 조카 이광국(2세), 허발의 딸 허은(7세) 등이 대표적인 사례이다. 망명지에서 여성들은 이들을 보살피고 민족의 동량으로 길러내는 역할을 담당하였다. 그 동량 가운데 여성들은 독립운동가 집안으로 시집가서, 함께 항일투쟁을 이어갔다. 허위의 넷째 아들 허국과 혼인한 이후석, 이병화와 혼인한 허은 등이 바로 대표적인 사례이다.[3]

그들을 기리는 역사

해방 후 이상룡의 공적을 기리는 작업들이 추진되었다. 공훈사업의 효시는 이상룡이 독립유공자로 추서된 이듬해인 1963년 5월이다. 대구 달성공원에 '석주

---

3   이상은 강윤정, 『경북여성 항일투쟁 이야기: 만주로 간 경북 여성들』, 한국국학진흥원, 2018, 13~68 쪽 참조.

이상룡 구국기념비'를 건립한 것이다. 그 뒤 1972년 임청각에 소장되어 있던 이상룡 관련 자료 1,309책이 고려대학교 도서관에 기증되어 '석주문고'가 설치되었다. 이를 계기로 이듬해에 자료집 『석주유고』가 최초로 간행되었다.

1992년에는 국가보훈처와 독립기념관이 공동으로 선정하는 '이달의 독립운동가' 3월의 인물로 선정되었다. 이를 계기로 이상룡의 독립운동 공적을 기리는 학술강연회를 개최하였고, 또 이때 서거 60주년을 기념하여 석주이상룡기념사업회(2014년 국무령이상룡기념사업회로 개명)가 처음으로 결성되기에 이르렀다. 그 뒤 1995년에는 이상룡의 손부 허은의 구술 회고록 『아직도 내 귀엔 서간도 바람소리가』가 출간되어 세간에 주목을 끌고 큰 반향을 일으켰다.

2008년에는 안동독립운동기념관(현 경상북도독립운동기념관)에서 한문본의 『석주유고』를 한글로 완역한 『국역 석주유고』 2책을 간행하였다. 이는 독립운동사 연구에 기초 자료로 제공되어 이후 이상룡과 그를 둘러싼 독립운동사 연구의 새로운 전기를 마련하게 되었다. 이후 발표되는 이상룡 관련 논저는 대부분 이를 기초 자료로 활용하여 연구한 결과물이다. 그 뒤 2017년에는 안동시와 국무령이상룡기념사업회가 공동으로 아들 이준형의 유고를 국역한 『국역 동구유고』를 간행하였다. 이를 통해 임청각 출신들의 연구를 보완할 수 있게 되었다.

이상룡을 기리는 전시회, 기획전도 그동안 여러 차례 열렸다. 특히 2017년 11월에는 한국학중앙연구원 주관으로 서울 여의도 국회에서 '임청각을 가다. 이상룡을 만나다'라는 주제로 임청각 소장 귀중 자료 공개와 이상룡의 독립운동 공적을 기념하기 위해 특별기획전이 열렸다. 이후 3·1운동 및 대한민국 임시정부 수립 100주년을 맞아 「임청각, 그리고 석주 이상룡」이라는 주제로 한국학중앙연구원 장서각에서 전시회가 개최되었다.[4]

600여 년 시간을 품고 있는 임청각은 역사의 시기마다 그 결을 달리하며, 우리 곁에 남아있다. 무엇보다 한국근대시기 임청각 사람들이 만들어낸 역사는 우리

---

4 박민영, 『임시정부 국무령 석주 이상룡』, 지식산업사, 2020, 213~215쪽에서 가져옴.

에게 중요한 유산으로 남아있다. 한국근대사에서 임청각은 대한민국 임시정부 초대국무령의 생가이자, 11명의 독립유공자가 나온 곳으로 상징된다. 이들 공동체는 1910년 나라가 일제에게 강점되자, 서간도로 망명하여 망명사회를 이끌며 독립운동을 펼쳐나갔다. "어떤 경우에든 바른 길을 택해야함은 예로부터 우리 유가에서 날마다 외다시피 해온 말이다."(『석주유고』) "나라가 이 지경이 된 것은 모두의 책임이니 죽기를 각오하고 힘을 모아 독립을 해야 할 것이다. 어떤 힘든 상황이 닥치더라도 백 번 꺾여도 변심하지 않는다는 의지를 다잡아야 할 것이다. 또한 갈 길이 멀고 더디다고 근심하지 말지니, 작은 걸음이 쌓여 1만 리를 갈 수 있으며, 한 삼태기도 쌓이면 태산이 될 수 있다."(「경학사 취지서」)는 석주 이상룡의 메시지는 이들의 결을 잘 보여주고 있다. 그 결의 바탕에는 '사람다운仁義 길'에 대한 고뇌와 선택, 행行이 있었다. 그리고 이들이 남긴 스 고단했던 역사의 기록은 의미있는 유산으로 남아있다. 임청각이 참된 보물인 이유는 바로 여기에 있다.

출전

1장   강윤정, 「법흥마을」, 『안동지역 동성마을의 역사·문화적 전통』(한국연구재단 인문사회분야지
      원 국내외연구 결과보고서), 2003; 김동진, 『詩禮靑氈-안동고성이씨 사람들의 삶과 역사』, 전통
      문화연구소 효원재, 2022.

2장   경상북도독립운동기념관, 『국역 석주유고』, 2007; 강윤정, 「난세의 지식인 석주 이상룡의 공부」,
      『안동학』13, 한국국학진흥원, 2014; 「대한제국기 안동지역 교육공동체의 변화-협동학교 설립
      을 중심으로-」, 『국학연구』 54, 한국국학진흥원, 2024; 박민영, 『임시정부 국무령 석주 이상룡』,
      지식산업사, 2020.

3장   강윤정, 『경북여성 항일투쟁 이야기; 만주로 간 경북 여성들』, 국학진흥원, 2018..

4장   강윤정, 「경북일보 기고문」, 2020(1.3~11.5).

5장   강윤정, 「이상룡 일가의 기독교 수용과 민족문제 인식」, 『원불교사상과 종교문화』 95, 원광대학
      교 원불교사상연구원, 2023; 김희곤, 『만주벌 호랑이 김동삼』, 지식산업사, 2009.

6장   강윤정, 『경북여성 항일투쟁 이야기: 만주로 간 경북 여성들』, 한국국학진흥원, 2018; 경상북도
      독립운동기념관, 『경북독립운동가 100인 열전』, 2017.

7장   강윤정, 『독립운동가와 함께 걷는 사적지』, 경상북도독립운동기념관, 2019;김기승, 「해제」, 『국
      역 석주유고』, 안동독립운동기념관, 2008; 김기승, 「혁신 유림 이상룡의 독립운동과 사상」, 『21
      세기 인문가치포럼 자료집』, 2017; 김희곤, 「석주 이상룡의 독립운동과 사상」, 『민족 위해 살다
      간 안동의 근대인물』, 안동청년유도회, 2003.

8장   김기승, 「해제」, 『국역 석주유고』, 안동독립운동기념관, 2008; 강윤정, 「안동인의 신흥무관학
      교 관련 자료 소개 및 해제」, 『석주 이상룡과 신흥무관학교』, 국무령이상룡기념사업회, 2022;
      박민영, 『임시정부 국무령 석주 이상룡』, 지식산업사, 2020.

*각 장의 만주관련 사진 : 경상북도독립운동기념관 제공.

안 동
문 화
100선

●❷❽

임청각

초판1쇄 발행 2024년 12월 15일

기 획 한국국학진흥원
글쓴이 강윤정
사 진 류종승

주간 조승연
편집·디자인 오경희·조정화·오성현
          신나래·박선주·정성희
관리 박정대

펴낸곳 민속원
펴낸이 홍종화
창업 홍기원
출판등록 제1990-000045호
주소 서울 마포구 토정로25길 41(대흥동 337-25)
전화 02) 804-3320, 805-3320, 806-3320(代)
팩스 02) 802-3346
이메일 minsokwon@naver.com
홈페이지 www.minsokwon.com

ISBN 978-89-285-2049-7
SET 978-89-285-1142-6 04380